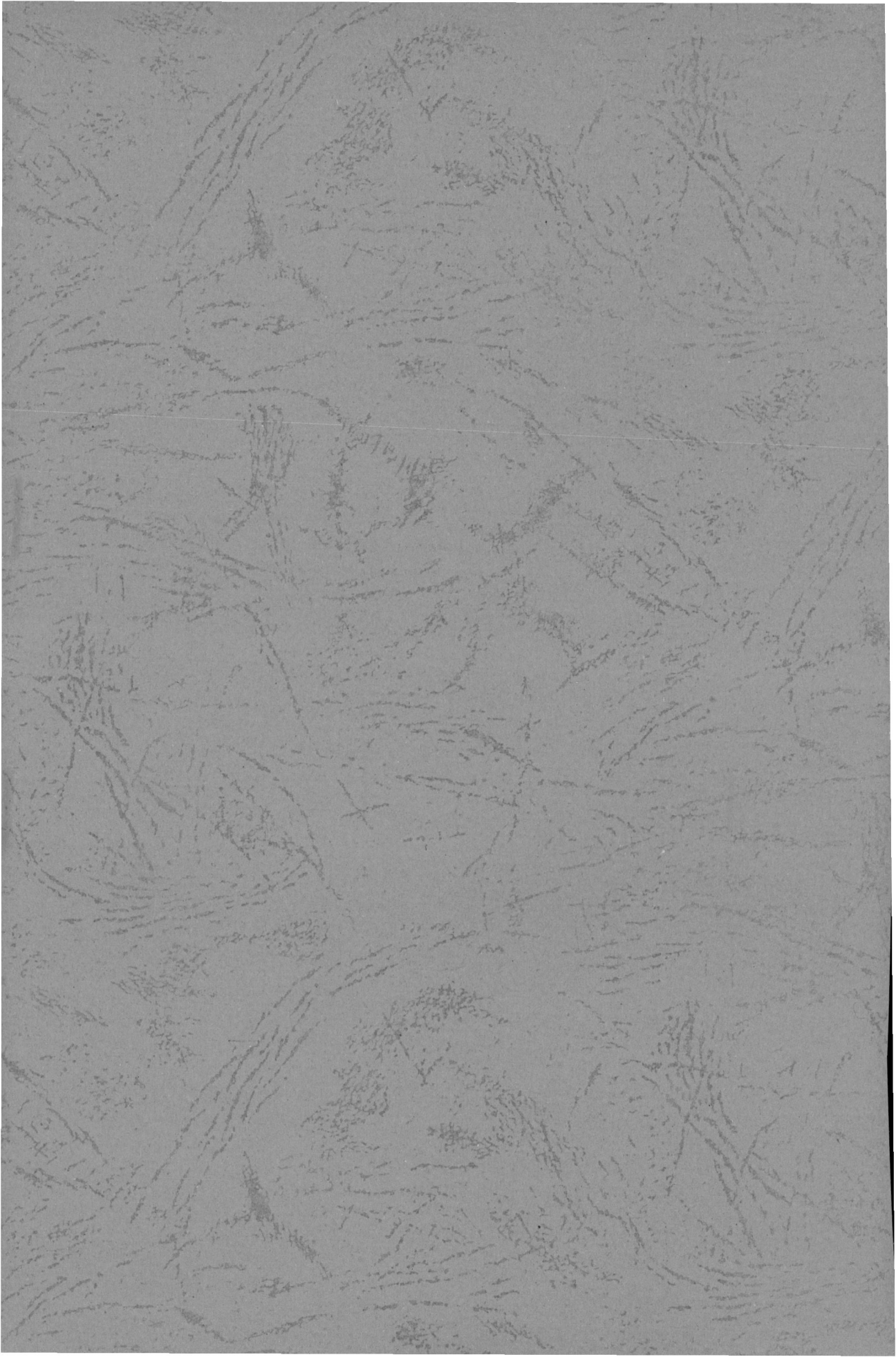

癸巳贺岁
2013

人民美术出版社

图书在版编目（CIP）数据

癸巳贺岁／人民美术出版社编．－北京：人民美术出版社，2013.1
ISBN 978-7-102-06266-2

Ⅰ．①癸　Ⅱ．①人　Ⅲ．①节日－风俗习惯－中国
Ⅳ．① K892.1

中国版本图书馆 CIP 数据核字 (2012) 第 307315 号

癸 巳 贺 岁

编辑出版	人民美术出版社
	（北京北总布胡同32号　100735）
	www.renmei.com.cn
责任编辑	刘士忠
封面设计	胡建斌
版式设计	李　巍
封面题字	冯　远
校　　对	马晓婷
责任印制	文燕军
制版印刷	北京燕泰美术制版印刷有限责任公司
总 经 销	人民美术出版社发行部

版　次　2013年1月　第1版　第1次印刷
开　本　787毫米×1092毫米　1/16　印张 16
印　数　0001-2200
ISBN 978-7-102-06266-2
定　价　198.00元

巳蛇　剪纸　现代　河北蔚县

巳蛇　现代　齐白石作

目　录

蛇的习俗

十二生肖年表 ·· 2
十二生肖剪纸／韩月琴 ·· 4
生肖蛇／王　迅 ·· 6
蛇称小龙／吴裕成 ··· 16
月交蛇位麦登场／吴裕成 ··· 20
玄　武／晓　梧 ·· 22
吃蛇习俗／吴裕成 ··· 28
维虺维蛇　女子之祥／吴裕成 ··· 34
蛇的禁忌／王　迅 ··· 38
端午避五毒／晓　梧 ·· 44
崇蛇习俗／晓　梧 ··· 48
蛇的吉祥象征／孙杰妤 ··· 54
岁在龙蛇　人生多蹇／吴裕成 ··· 58
风调雨顺／晓　梧 ··· 60

蛇年话蛇

蛇年话蛇／刘孝存 ··· 64
巳蛇生肖邮票 ··· 78
说文解蛇／日高 ·· 92
巳为它象形／吴裕成 ·· 98

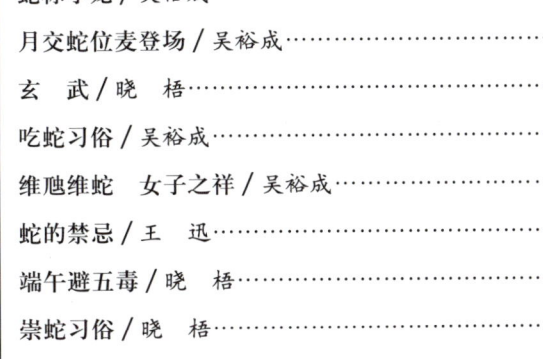

人蛇合一的神话／王　迅……………………………………………100
白蛇传／任率英绘……………………………………………………102
古代的神蛇与异蛇／王　迅…………………………………………108
蛇的故事………………………………………………………………112
蛇的世界………………………………………………………………118
蛇景名胜………………………………………………………………126

金蛇狂舞

"蛇"的绘画……………………………………………………………132
"蛇"的雕塑……………………………………………………………144
"蛇"的篆刻……………………………………………………………158
"蛇"的陶瓷……………………………………………………………160
"蛇"的年画……………………………………………………………162
"蛇"的玩具……………………………………………………………166
"蛇"的用具、用品……………………………………………………170
蛇形饰品………………………………………………………………172
蛇皮时尚………………………………………………………………178
"蛇"的剪纸……………………………………………………………182
"蛇"的火花……………………………………………………………188
"蛇"的磁卡……………………………………………………………192
"蛇"的卡通……………………………………………………………198
"蛇"的古代纹饰………………………………………………………204
"蛇"的图案……………………………………………………………208

附　记

20世纪蛇年大事记……………………………………………………214
蛇年出生的中外名人…………………………………………………230

蛇的习俗

十二生肖年表

子鼠		中国夏历戊子年　公元1948年02月10日——1949年01月28日 中国夏历庚子年　公元1960年01月28日——1961年02月14日 中国夏历壬子年　公元1972年02月15日——1973年02月02日 中国夏历甲子年　公元1984年02月02日——1985年02月19日 中国夏历丙子年　公元1996年02月19日——1997年02月06日
丑牛		中国夏历己丑年　公元1949年01月29日——1950年02月16日 中国夏历辛丑年　公元1961年02月15日——1962年02月04日 中国夏历癸丑年　公元1973年02月03日——1974年01月22日 中国夏历乙丑年　公元1985年02月20日——1986年02月08日 中国夏历丁丑年　公元1997年02月07日——1998年01月27日
寅虎		中国夏历庚寅年　公元1950年02月17日——1951年02月05日 中国夏历壬寅年　公元1962年02月05日——1963年01月24日 中国夏历甲寅年　公元1974年01月23日——1975年02月10日 中国夏历丙寅年　公元1986年02月09日——1987年01月28日 中国夏历戊寅年　公元1998年01月28日——1999年02月15日
卯兔		中国夏历辛卯年　公元1951年02月06日——1952年01月26日 中国夏历癸卯年　公元1963年01月25日——1964年02月12日 中国夏历乙卯年　公元1975年02月11日——1976年01月30日 中国夏历丁卯年　公元1987年01月29日——1988年02月16日 中国夏历己卯年　公元1999年02月16日——2000年02月04日
辰龙		中国夏历壬辰年　公元1952年01月27日——1953年02月13日 中国夏历甲辰年　公元1964年02月13日——1965年02月01日 中国夏历丙辰年　公元1976年01月31日——1977年02月17日 中国夏历戊辰年　公元1988年02月17日——1989年02月05日 中国夏历庚辰年　公元2000年02月05日——2001年01月23日
巳蛇		中国夏历癸巳年　公元1953年02月14日——1954年02月02日 中国夏历乙巳年　公元1965年02月02日——1966年01月20日 中国夏历丁巳年　公元1977年02月18日——1978年02月06日 中国夏历己巳年　公元1989年02月06日——1990年01月26日 中国夏历辛巳年　公元2001年01月24日——2002年02月11日

十二生肖年表

中国夏历壬午年　公元1942年02月15日——1943年02月04日 中国夏历甲午年　公元1954年02月03日——1955年01月23日 中国夏历丙午年　公元1966年01月21日——1967年02月08日 中国夏历戊午年　公元1978年02月07日——1979年01月27日 中国夏历庚午年　公元1990年01月27日——1991年02月14日		午马
中国夏历癸未年　公元1943年02月05日——1944年01月24日 中国夏历乙未年　公元1955年01月24日——1956年02月11日 中国夏历丁未年　公元1967年02月09日——1968年01月29日 中国夏历己未年　公元1979年01月28日——1980年02月15日 中国夏历辛未年　公元1991年02月15日——1992年02月03日		未羊
中国夏历甲申年　公元1944年01月25日——1945年02月12日 中国夏历丙申年　公元1956年02月12日——1957年01月30日 中国夏历戊申年　公元1968年01月30日——1969年02月16日 中国夏历庚申年　公元1980年02月16日——1981年02月04日 中国夏历壬申年　公元1992年02月04日——1993年01月22日		申猴
中国夏历乙酉年　公元1945年02月13日——1946年02月01日 中国夏历丁酉年　公元1957年01月31日——1958年02月17日 中国夏历己酉年　公元1969年02月17日——1970年02月05日 中国夏历辛酉年　公元1981年02月05日——1982年01月24日 中国夏历癸酉年　公元1993年01月23日——1994年02月09日		酉鸡
中国夏历丙戌年　公元1946年02月02日——1947年02月20日 中国夏历戊戌年　公元1958年02月18日——1959年02月07日 中国夏历庚戌年　公元1970年02月06日——1971年01月26日 中国夏历壬戌年　公元1982年01月25日——1983年02月12日 中国夏历甲戌年　公元1994年02月10日——1995年01月30日		戌狗
中国夏历丁亥年　公元1947年02月21日——1948年02月09日 中国夏历己亥年　公元1959年02月08日——1960年01月27日 中国夏历辛亥年　公元1971年01月27日——1972年02月14日 中国夏历癸亥年　公元1983年02月13日——1984年02月01日 中国夏历乙亥年　公元1995年01月31日——1996年02月18日		亥猪

十二生肖剪纸

韩月琴

子 鼠

丑 牛

寅 虎

卯 兔

十二生肖剪纸

辰龙　　　　　　　　巳蛇　　　　　　　　午马

未羊　　　　　　　　　　　申猴

酉鸡　　　　　　　　戌狗　　　　　　　　亥猪

生肖蛇

王 迅

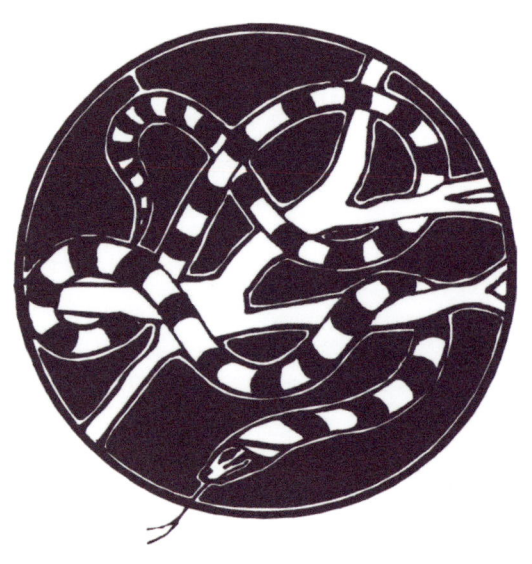

蛇升上神坛，在神话传说中沉浮、发展、演变的过程中，蛇生肖及其余十一种生肖诞生的条件逐渐形成了。

蛇生肖出现的条件

在蛇生肖出现以前，曾经有过许许多多的氏族、部落崇蛇敬蛇，以蛇为图腾。曾经有过大大小小的古国保留着蛇图腾的孑遗，奉蛇为神灵。一个个半人半蛇的神，长期受到人们的顶礼谟拜。久而久之，蛇这种生来并不讨人喜欢的动物在很多人的心目中发生了奇妙的变化，以至于人们在情感上可以接受这样的事实：将自己与蛇建立一种联系，而这种联系终生不变。

氏族社会的人曾经崇拜过蛇图腾，以蛇为某些族的标记，并习惯于为蛇举行某些宗教仪式。这些氏族的成员比较容易将自己和蛇联系起来，对蛇产生一定的好感。

除了氏族图腾之外，在有的地方还有个人图腾。如澳大利亚土著的某些氏族社会就有这样的情况。个人图腾由母亲第一次感到胎动时所遇物种而定。

文明时代出现的十二生肖，当然不是个人图腾，但具备一点个人图腾的意味，人对自己的肖相有时产生一种偏爱。生肖与自己出生的时间相关，而个人图腾与自己出生前的某些条件相关。

氏族社会中的氏族成员对某些动物的特殊情感形成积习，文明时代的人把某些动物当成神灵的现实。这都是十二生肖出现的重要基础。

蛇生肖是十二生肖中的一员，这是因为中国上

古时代蛇崇拜的广泛、蛇神话的丰富,以及蛇神和半人半蛇神灵地位的显赫。

蛇与"巳"的对应由来已久

十二生肖中的十二种动物,与十二地支一一对应,蛇与"巳"对应。这种对应起于何时?

郭沫若认为"支干之称,东汉以前无有也。古人称十干为十日,称十二支为十二厥"。"甲骨文巳字实象人形,故巳实无象蛇之意。巳之为蛇者,其事在十二肖象输入以后。《论衡·物势篇》曰:'巳,火也,其禽虵也。'又《言毒篇》曰:'辰为龙,巳为蛇。'此为十二肖象见于文献之始。其于古器中据余所见则《新莽嘉量》之'龙在己巳',巳作'𧖣'酷肖蛇形,则知肖象之输入至迟当在新莽时代"。

甲骨文中十二辰的第六位,确是象人形的"子"字。不过,甲骨文中也有"巳"字。《说文解字》认为"巳为它,象形"。安徽省巢湖市北边的大城墩遗址还出土过商代刻有"巳夷"二字的陶片,"巳夷"就是崇拜蛇,并以蛇为图腾的夷人。这里还发现过西周时期的陶蛇,这条蛇是在一座西周墓葬中出土的,原摆放在死者身边,是随葬品,造型逼真,形象生动。由此可见巳与蛇的对应是由来已久的。

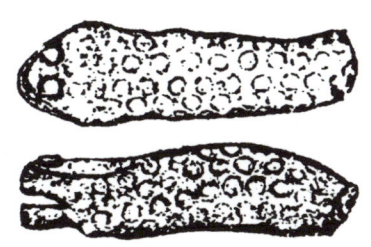

西周陶蛇　安徽大城墩遗址出土

二十八宿之翼火蛇　山西晋城玉皇观元代彩塑

巳与蛇相对应,还不等于蛇生肖的出现。蛇生肖不是孤立的,而是与其余十一种生肖相联系的,也可以说,蛇生肖是与十二生肖一起出现的。

关于十二生肖的起源说法不一,或以为是外来的,或以为是中国本土产生的。

巴比伦、埃及、印度都有十二兽历法,以往不少学者认为中国的十二生肖由外国传入。但巴比伦、埃及的十二兽历法使用的时间都在公元以后,不比中国早,而且在使用过程中也没有产生像在中国这样广泛、深厚的文化积淀和连续的深远影响。中国的十二生肖,不应是从巴比伦、埃及传入的。

中印两国的十二生肖孰早孰晚,是一个学者们长期争论的问题。十二生肖的排列,有其天文学内涵,与十二辰或十二兽相关的二十八宿,在中印两国都出现甚早,究竟是谁影响了谁,同样是一个有争论的问题。日本学者新城新藏经研究指出:中国的二十八宿经过了一次整理，印度却把没有整理前的二十八宿输入本国，因而将对印度并无意义的北斗、牵牛、织女也传入了。这表明二十八宿起源于中国，后传入日本。

但是，二十八宿由中国传入印度，还不能说明十二辰就一定也是由中国传入印度的。

20世纪80年代以来，有些学者以彝族为主的民族学资料联系汉文史籍，说明中国十二兽历法并非由外国传入，而是中华民族的原始先民的独立创造。

蛇生肖出现于战国时期

过去，学术界认为十二生肖不见于先秦文献，出现较晚。这是导致十二生肖西来说的一个重要原因。

具体而详尽地叙述十二生肖的文献，较早的有东汉王充的《论衡·物势篇》，书中写道：

寅，木也，其禽虎也；戌，土也，其禽犬也；丑未皆土也，丑禽牛，未禽羊也。木胜土，故犬与牛羊为虎所服也。亥，水也，其禽豕也；巳，火也，其禽蛇也；子，亦水也，其禽鼠也；午亦火也，其禽马也。水胜火，故豕食蛇；火为水所害，故马食鼠屎而腹胀。曰：审如论者之言，含血之虫，亦有不相胜之效。午，马也；子，鼠也；酉，鸡也；卯，兔也。水胜火，鼠何不逐马？金胜木，鸡何不啄兔？亥，豕也；未，羊也；丑，牛也。土胜水，牛羊何不杀豕？巳，蛇也；申，猴也。火胜金，蛇何不食猕猴？

《言毒篇》说"辰为龙，巳为蛇，辰巳之位在东南。龙有毒，蛇有螫，故蝮有利牙，龙有逆鳞"。

巳蛇　重庆大足石刻

玉人首蛇身像 红山文化

先秦文献也散见某些十二生肖中的动物与相应的地支对应的例子：

《诗经·小雅·吉日》："吉日庚午，既差我马。"午与马相对应。注："午为马。"

《左传·僖公五年》："龙尾伏辰。"辰与龙相对应。

《左传·襄公二十三年》："役人相命，各杀其长，遂杀庆虎、庆寅。"庆氏族二卿之名寅与虎相对应。

湖北云梦睡虎地11号秦墓出土的竹简中有一部《日书》，记着："子，鼠也，盗者兑口希须，善弄，手黑色，疵在耳。丑，牛也，盗者大鼻长颈，大辟臑而偻。寅，虎也，盗者状，希须，面有黑焉。卯，兔也，盗者大面头颡。辰，盗者男子，青赤色。巳，虫也，盗者长而黑，蛇目。午，鹿也，盗者长颈小腓，其身不全。未，马也，盗者长须耳。申，环也，盗者圆面。酉，水也，盗者　而黄色，疵在面。戌，老羊也，盗者赤色。亥，豕也，盗者大鼻。"

这段话，完整地记载了当时秦人的十二生肖。其中午为鹿，酉为水而未说明为鸡，环可能为猿，与汉代以后的十二生肖还有一点差异。

蛇生肖是明确无误的，"巳，虫也"，虫即蛇。巳日的盗贼形象似蛇，"长而黑，蛇目"，从体型到眼睛都像蛇。这些迷信说法对于捕捉盗贼当然无益。不过，这些记载足以证明，上述说法应来源于战国时期的秦国，十二生肖，包括蛇生肖，应该在战国时期就已经出现了。

蛇生肖渊源探索

十二生肖在秦代还与汉代以后的十二生肖有一定差异，但十二生肖的起源可能要比战国时期早得多。

《世本·作篇》说："黄帝使羲和作占日　大桡作甲子　"如果黄帝的时代已经出现干支纪时，那么十二生肖的起源或可追溯到中国古史的传说时代。不过，当时可能没有系统的、与后世的十二生肖基本一致的十二属相，但后世十二生肖中的一部分大概已经在孕育之中了。

《史记·五帝本纪》载："黄帝二十五子，其得姓者十四人。"《国语·晋语四》："黄帝之子二十五人，其同姓者二人而已。唯青阳与夷鼓，皆为己姓　其同生而异姓者，四母之子，别为十二姓。凡黄帝之子，二十五宗，其得姓者十四人，为十二姓：姬、酉、祁、己、滕、箴、任、苟、僖、姞、儇、依是也。"

黄帝后十二姓中，姬姓居于首位。姬姓的周族后来建立周王朝。周族使用周历，周正建子，将子月作为正月。姬姓在十二姓中排在

黄帝像

第一位，姬姓的周人又把十二辰中的"子"排在第一位。十二姓中的姬相当于十二辰中的子。

十二姓中的酉，在后来的十二生肖中与鸡对应。

十二姓中的儇和己（巳），经闻一多研究，应是龙、蛇族。

十二姓中的苟，王引之认为应作荀，徐旭生从其说，苟即狗。

十二姓中的儇可能是猿。

这样看来，黄帝后十二姓中，可能有以龙、蛇、猴、狗、鸡为图腾、为姓的，又有重视十二辰中的"子"的姬姓。后来的十二生肖中，鼠排在第一位，与"子"相对应，如果与上古之世的黄帝后十二姓对照，则恰相应于姬姓的位置。

这些情况并不等于生肖已经出现，但十二生肖很可能从这时就开始孕育了。

对照民族学的材料来看，十二兽历法应起源于原始时代的图腾崇拜。

十二生肖不大可能同时出现。人们在很多的图腾中，经过长期的选择，最后选定了十二种动物作为纪时的名称。在选择过程中，很可能有过选定某种动物为生肖，后来又用另一种动物代替它的事。如《云梦秦律》中以鹿与午对应，而后来生肖中只有"午马"而没有"午鹿"，说明不同地区的生肖不完全统一，秦人或许以鹿为十二生肖之一，但在秦人及后裔对十二生肖的再选择中，马又取代了鹿。

从黄帝后十二姓中有蛇族（已姓），战国至秦的生肖中确有巳蛇（虫）等线索推断，十二生肖中的蛇生肖出现得比较早。

系统的十二生肖出现并且稳定下来，不再变动，时为汉代。以后十二生肖广为流行，长盛不衰。

蛇生肖的流行

包括蛇生肖在内的十二生肖常见于汉代以后的古籍中。唐代以后，蛇生肖工艺品长期盛行，蛇生肖迷信、禁忌也作为文化现象而出现。十二生肖不仅为中国人所接受和喜欢，而且远传海外。

（一）古籍关于蛇生肖的记载

战国、秦、汉时期，虽然有了关于十二生肖的系统记载，却还没有明确地将某人与某生肖相联系的资料。至南北朝时期，对十二生肖的记载多了起来，陈朝的沈炯还写过一首《十二属诗》，诗句依十二生肖的次序写成，每句含一动物，顺序为鼠、牛、虎、兔、龙、蛇、马、羊、猴、鸡、狗、猪。其中第五句至第九句又借用植物名称：龙隰、蛇柳、马兰、羊负、猴栗。这是流传至今的最早的一首生肖诗。

《周书·晋荡公护传》记述了西魏宰相宇文护之母被北齐幽禁，齐主令人以她的口气写信给宇文护，信中写道：

汝与吾别之时，年尚幼小，以前家事，或不委曲。昔在武川镇生汝兄弟，大者属鼠，次者属兔，汝身属蛇。

这是正史对历史人物属相最早的记述，宇文护属蛇，是古籍中最早的有明确记载的肖蛇人。

将十二生肖与人的生年相联系的例子，也见于南朝。《南齐书·五行志》说："永元中，童谣云：'野猪虽嚄嚄，马子空间渠，不知龙与虎，饮食江南墟。七九六十三，广莫人无余，鸟集中傅舍头，今汝得宽休。但看三八后，摧折景阳楼。'识者解云'陈显达属猪，崔慧景属马'，非也。东昏侯属猪，马子未详，梁王属龙，肖颢冑属虎。崔画慧景攻台顿广莫门死时年六十三"

可见，称人属相的习俗，至迟在南北朝时已经盛行，其起源可能在东汉时期或更早，因为东汉时期已有系统、固定的十二生肖，并且以干支纪年，人们自然会把十二生肖作为年的代号和这一年出生的人的属相。

蛇生肖文物

唐时出现了不少与十二生肖有关的器物，如以十二生肖为纹饰的铜镜、十二生肖陶俑等。此后，以十二生肖为造型的随葬用品、工艺品，以及以十二生肖为纹饰的器具长期流行。

铜镜是古代照面用具，正面磨光，背面多铸有花纹。唐代有了以十二生肖为纹饰题材的铜镜，将十二种动物的形象铸于同一面铜镜上。因为这十二种动物又代表十二时，所以这种铜镜又称十二时镜。

北京大学赛克勒考古与艺术博物馆有一面唐代十二时四神镜，背面铸有四神兽和鼠、牛、虎、兔、龙、蛇、马、羊、猴、鸡、狗、猪十二种动物。动物形象生动逼真，工艺美术水平相当高。

扬州隋唐时期制作的铜镜颇负盛名。扬州博物馆藏有不少当地出土的唐镜，其中十二生

十二生肖四神镜　隋唐
2009年的中国嘉德2009春季拍卖会铜镜专场中，一面隋唐"十二生肖四神镜"以112万元人民币的成交价创出铜镜拍卖新世界纪录，成为新的"铜镜王"。

仁寿十二生肖镜　唐
江苏省扬州市城北出土。镜纹内区，饰温顺的鹿和凶猛的虎豹等走兽，并补以莲花瓣和流云纹。镜外区饰十二生肖，生肖动物之间饰莲纹图案，镜缘饰缠枝纹。

肖镜属唐镜中的精品。

1975年3月，在扬州市城北公社出土了一面唐代仁寿十二生肖镜。此镜呈圆形，直径20.4厘米，圆纽，龙纹纽座。镜纹内区饰温顺的鹿和凶猛的虎豹等走兽，并补以莲花瓣和流云纹。内区以外为铭文带。铭文为："仙人并照，智水齐名，花朝艳彩，月夜流明，龙盘五瑞，鸾舞双情，传闻仁寿，始验销兵。"镜外区饰十二生肖，生肖动物之间饰莲纹图案，镜缘饰缠枝纹。

兽首人身的十二时俑流行于盛唐时期。较早的如西安地区的杨思勖墓（740年）随葬的十二时俑。后来，唐代墓室里流行开小龛的做法，有些小龛是放置十二时俑的，所以也叫十二时专龛。

1971年9月，湖南省博物馆清理、发掘了湘阴县一座唐代墓葬，墓中出土了生肖俑十二件，均为兽首或禽首人身，通高20—22厘米。生肖俑身着宽袖袍，两手拱于胸前，两手中间留有一可插物的长形小孔，两膝着地跪坐，均昂首平视。出土时，这些生肖俑分别位于墓壁四周的小壁龛内，以表示方位。虎、兔、龙三件已残，其余鼠、牛、蛇、马、羊、猴、鸡、狗、猪保存完好。

蛇生肖俑为蛇首人身，蛇首微前倾，小眼睛，巨口紧闭，表情严肃。

唐至北宋时期，又有生肖人物俑，为人形，胸前置放着生肖动物。1990年9月，安徽省望江县文物管所清理的一座北宋墓，出土瓷生肖人物俑六件，面部丰满方正，头戴冠，身着阔袖长袍，各自将相应的生肖动物置于胸前。这类人与动物相配却并不合一的生肖俑，与前述人兽一体的生肖俑显然属于两种形式不同的生肖俑。

十二生肖或十二时在墓葬壁画中出现于隋代，有的隋代墓室左右壁分上、中、下三栏，上栏画动物形象的十二时。很可能在南北朝时期，"凶仪"里就有悬挂十二时的做法。这种

唐代十二生肖俑

西安咸阳机场二期改造项目发掘的唐墓中出土的十二生肖蛇

做法后来传到了日本。日本奈良正仓院收藏有奈良时代绘有十二时形象的麻布画。江户时代的《有职闻书》引《经信卿记》说，治历四年（相当于1068年，中国当时是北宋时期），日本天皇即位时"簷悬十二辰帽额"。《经信卿记》所记平安时代的制度很多是沿袭奈良时代的，因此日本悬挂十二时的做法应该在奈良时代就有了。不过，日本的十二辰与中国的稍有不同，直到今天仍然如此。1995年元旦，日本的贺年卡上多画着野猪，因为这一年在日本是野猪年。而在中国，春节之后是猪年。

中国北方的少数民族早就有以生肖配年为号的做法，蒙古民族也如此。元代，蒙古人入主中原，依然重视生肖，所以，也留下了不少与十二生肖有关的文物。

1987年9月至10月，云南省博物馆文物工作队等单位，在宜良县孙家山发掘了一处元代火葬墓地，出土了大量盛放骨灰和随葬品的陶罐和釉陶罐，还有附属的器座。葬具上的纹饰主要有莲瓣纹、附加堆纹、花草纹及少数十二生肖图案。花草纹、莲瓣瓣尖和十二生肖图案都是贴塑上去的。

作为葬具的陶罐分为内罐和外罐。外罐中有一种饰十二生肖的，为宝瓶状纽，圆肩，下腹斜收，饰十二种生肖动物。

还有六件黄褐色釉陶器座，敞口，大底，束腰，下部饰十二生肖图案。口外饰六组相同的卷云纹，下为十二生肖动物物。动物造型朴拙可爱，其中蛇为盘身，伸颈，昂首，富于动感。

明清以降，传统的生肖工艺品也很流行，其中有些工艺技术一直传到今天。流传、影响至今的形形色色的工艺品蛇有很多。

唐或五代金腰带上的十二生肖缠枝纹　四川什邡出土

宋三彩蛇

宋三彩蛇身人头

蛇生肖在海外

十二生肖虽是中国特有的民俗现象，却早已名扬异域。

近年来，人们在讲生肖时，偶尔也谈到外国的十二生肖。其中，所谓西方的"十二生肖"与中国传统的十二生肖大不相同，确切地说，西方的"生肖"应该称为"十二星座"。

"十二星座"是每月一种，大致从每月21日前后，到下月21日前后。每个人的星座也以生日而定。十二星座的名称分别是：牡羊座、金牛座、双子座、巨蟹座、狮子座、处女座、天秤座、天蝎座、人马座、山羊座、宝瓶座、双鱼座。可以看出，这种"生肖"与中国传统的十二生肖不是一回事，代表十二星座的是古代西方人民生活和传说中的人、神、动物或器物。十二星座是在西方文化发展进程中产生的。

中国传统的十二生肖是古代中国人民生活和传说中的动物，是古代中国文化发展进程中的产物。在长期的中外文化交流过程中，中国的十二生肖也蜚声海外。在华裔较多的国家、华人较集中的地区，这种文化影响更为深远。有些海外学者研究并撰文探讨中国的十二生肖起源、文化内涵等问题。

不久前，有人送给笔者一本美国的广告性质的出版物，其中有一部分介绍中国十二生肖，标题为"Chinese Zodiac"（中国的黄道十二宫）。图中的龙长上了蝙蝠的翅膀，猴子吃着香蕉，猪是外国品种的，显得有些西方化，但可以看做是西方人对中国十二生肖理解的一个方面。

其中的蛇，画的是眼镜蛇，头颈扬起，像是准备攻击猎物。文字部分的意思是：属蛇的人在中国的黄道十二宫（十二生肖）中，是十分明理、沉着冷静的。他们天生具有智慧，常常有着深刻的思想，在生活中，通常与一些华丽的东西有关。蛇年出生的人喜欢合适的衣服和装饰品。虽然时常逃避和诡计多端，但是他们能够迅速地表达，强有力地控制思想或欲望。他们外向、美丽，充满了迷人的诱惑力。

著名的属蛇的人有：毕加索、约翰·肯尼迪和格瑞丝王妃等。

这里介绍的中国十二生肖虽然有些走样，但基本上还是中国特产。从这类出版物中，可以看出西方人对中国十二生肖的兴趣。

对于海外的炎黄子孙来说，十二生肖是他们熟悉和喜爱的，与十二生肖相关的民俗风情是他们世代传承的。大家对十二生肖有相似的感情和联想，心心相印，息息相通。可以说，十二生肖对海外华人的联系起着加强的作用。

蛇称小龙

吴裕成

蛇，成为十二生肖的一员。

中国神话里，始祖神女娲与伏羲均为人首蛇身形象。神话被汉代人刻画在石上，留下一幅幅人身蛇身图案。这类图案，在许多情况下，蛇身是长出了腿脚的，称为人身龙尾似乎更贴切一些，可是，却习惯于称蛇身，不称龙身。这种习惯，可谓自古而然。"伏羲鳞身，女娲蛇躯"，是东汉王延寿《鲁灵光殿赋》描写山东灵光殿壁画所写下的名句。

《山海经》中有许多"人面蛇身"或"人面龙身"的神灵。何谓蛇身，何谓龙身？二者的主要区别应在于画蛇是否添足——龙爪的有还无。《帝王世纪》记伏羲"人首蛇身"，但从汉画像石看，他有时为"蛇身"，而在更多的时候则为"龙身"。倒是道教经典《洞神八帝妙精经》所绘伏羲、女娲，既没胳膊也无腿，是名副其实的"人首蛇身"。新疆吐鲁番出土的唐代图画，也是没有腿脚的"蛇身"。不过，

伏羲女娲　　　伏羲像
汉画像石　　　汉画像石

图腾说所引证的材料，"伏羲鳞身，女娲蛇躯"可谓典型例子。

图腾，源出印第安语，意为"他的血族"。20世纪30年代出版的岑家梧《图腾艺术史》，将图腾制的显著特征归纳为四条，第一条是"原始民族的社会集团，采取某种动植物为名称，又相信其为集团之祖先，或与之有血缘关系"。蛇，在远古时代大约曾被用作氏族部落的图腾。

道教《洞神八帝妙精经》伏羲女娲像

玄武　河南洛阳出土北魏石棺画像

看多了那种有手有脚的"人首蛇身",再看此类图案,不免觉得两位始祖神的模样好像少了点什么似的。

这里说一说龙蛇相混——在十二生肖中,蛇被称为小龙,有着文化渊源。东汉《论衡·讲瑞篇》说:"龙或时似蛇,蛇或时似龙。"龙蛇之变,仿佛自然而然,来得容易。讲地支与属相,竟可以将龙蛇合一,见《辂别传》:

蛇者协辰巳之位,
乌者栖太阳之精……

你看,这不是径直地把辰龙的"地盘",交由巳蛇来主理了吗?说起来,这也容易理解。

世上无龙，古人有时就是以蛇为龙的。

"辰年大蛇骨"，云南西双版纳地区生肖纪年用语。那里的傣族同胞论十二属相，辰属蛟，或者属大蛇。为了便于区别，讲到巳的属相，就说小蛇。辰蛇标以"大"，巳蛇标以"小"。

与此有异曲同工之妙的，是属龙称大龙，属蛇称小龙。

许多地方的风俗，十二生肖蛇称小龙，龙叫大龙。逢巳年出生的人属蛇，问其属相，可能会有三种回答，或说属蛇的，或说属长虫的，或说属小龙的。学者周汝昌一篇谈民风的文章，讲到天津人通常不说属蛇，而说属小龙儿。小龙儿发音如"小锣儿"，儿化音很浓。周汝昌是天津咸水沽人，对一方习俗多有了解，所言风俗至今犹存。

刘鹗《老残游记·二集》遗稿第一回"元机旅店传龙语"，己巳年出生者称黄龙子，乙巳年出生者称青龙子，丁巳年出生者称赤龙子。

慧生道："……以他们这种高人，何以取名又同江湖术士一样呢？既有了青龙子、黄龙子，一定又有白龙子、黑龙子、赤龙子了。这种道号实属讨厌。"老残道："你说得甚是，我也是这么想。当初曾问过黄龙子，他说道：'你说我名字俗，我也知道俗，但是我不知道为什么要雅？……我们当日，原不是拿这个当名字用。因为我是己巳年生的，青龙子是乙巳年生的，赤龙子是丁巳年生的，当年朋友随便呼唤着顽儿，不知不觉日子久了，人家也这么呼唤……"

诸色"龙子"的称谓，缘于这三个人巳年出生，属蛇。青、赤、黄三色，取于天干的五行五色。甲乙属木，色青；乙巳为青蛇，称青龙子。丙丁属火，色赤；丁巳为赤蛇，称赤龙子。戊己属土，色黄；己巳为黄蛇，称黄龙子。只因生于巳蛇之年，竟以黄龙、青龙、赤龙为名号，连小龙之小也省略掉了。从小说的描写来看，并不把称"蛇"为"龙"视为名实不符。这也反映了以龙称蛇，确是习惯成自然了。

生肖文化中这种蛇向龙靠拢的情况，在云南西双版纳发生了逆转，不是蛇称小龙，龙称大龙，而是龙为大蛇、蛇为小蛇——龙

龙蛇纹鼎形镂孔熏炉

挂靠于蛇。龙与蛇，你来我往，形成双向的互动，形式上看不过是叫龙还是叫蛇的称谓问题，实际上，在这名称形式之中，包含着丰富的文化内涵。

汉代许慎《说文解字》："南蛮，它种，从虫。"它种即蛇种。这种崇蛇的古风，到后来出现了"龙化"倾向，演为攀了龙、附了龙的名称。在江苏宜兴称蛇为"苍龙"，当地俗语说"成了龙，还是蛇洞里出生"，龙由蛇变化。安徽当涂一带称蛇很妙，叫"家龙"：龙冠以家，既含人家崇蛇的意思，又颇为艺术地区别了龙与蛇——它不是飞于天、潜于渊的龙。它属于"家"，是蛇；它被称为"龙"，是人家所奉的神。

与人们想象中的龙相比，蛇毕竟有着很大的相似性。蛇与龙的互换替代，也就尽由想象了。唐代颜师古《大业拾遗记》载有一则神异故事。故事说，某一日，忽然黑云密布，雷声隆隆，两个赤衣童子从云中降落在大殿前，先从一根殿柱中抽出一条白蛇，又从另一根柱子中抽出一条白蛇。有僧人讲："此柱腹空，为龙陷身之所。"两条白蛇，被说成是龙。

宋代沈括《梦溪笔谈》也有类似材料："熙宁中，王师南征，有军仗数十船，泛江而南。自离真州，即有一小蛇登船，船师识之，曰：'此彭蠡小龙也，当是来护军仗耳。'主典者以洁器荐之。"彭蠡，今鄱阳湖。"彭蠡小龙"为何物，沈括记得明白：爬上船的是一条小蛇。

元代苏天爵《滋溪文稿·新城县紫泉龙祠记》称，雄州新城有一眼"紫泉"，相传泉中有赤龙，泉旁建了龙祠。有一次，一条赤蛇出现在龙祠壁上，蜿蜒爬行，变化灵异，人们说这就是龙。

唐代《博异志》写龙，初看是条大蛇，随

蛇　剪纸　河北蔚县

即现出龙相："随云有赤斑蛇，粗合拱。鳞甲焕然，摆头而双角出，蜿身而四足生，奋迅髻鬣，摇动首尾，乃知龙也。"这典型地反映了古人对龙形的想象。神龙不同于凡蛇，鳞甲焕然——闪烁奇光异彩，龙有脚，龙有角。

蛇龙互变的想象，或许是远古造龙的文化工程的一种"镜头回放"。闻一多《伏羲考》说：

金文龙字（《邵钟》，《王孙钟》）和弄字（《颂鼎》，《颂毁》，《禾毁》，《秦公毁》，《陈侯因𬿪錞》）的偏旁皆从巳，而巳即蛇，可见龙的基调还是蛇。

闻一多主张图腾说，他认为龙是以蛇为基调，多种图腾动物的融合。这一推论的论据之一，是古"龙"字以"巳"为偏旁，他指出："王充、郑玄、许慎都以巳为蛇，不误"；不但古字巳象蛇形，上古声母巳、蛇亦相近。

月交蛇位麦登场

吴裕成

"月交蛇位麦登场",讲的巳月风俗。农历正月建寅,巳月即四月。

巳属蛇。在古人看来,逢巳的年、月、日,似乎都与蛇有了关联。宋代李石《续博物志》:"巳日巳年不杀蛇。"这样的禁忌习俗,被宋代张耒采入诗篇,其《放二蛇》写道:

二物穴我居,岁月亦已老。
一朝双擒获,蜿蜿出幽草。
安行免噬啮,敢望吐珠报?
巳月不杀蛇,昔贤有遗告。

不杀蛇,《续博物志》讲日与年,《放二蛇》讲月份。巳年不杀蛇,巳月不杀蛇,巳日不杀蛇,只因逢"巳",它的属相——蛇受到特别的优待。

因为巳月的关系,江浙一带民间在四月为蛇过生日。清代蔡云《吴歙百绝》诗:"月交蛇位麦登场,日纪蛇生验雨旸。更怪妖氛干正气,丛祠香火拜蛇王。"诗作者自注:

俗以四月十二为毒蛇生日,雨则坏麦,盖以四月属蛇,麦收忌雨,而有此说也。娄门有蛇王庙,相传其神为正学,诬甚矣。是日多焚香乞符者。

同庆丰年 年画 天津杨柳青

此图描绘农村生活,"望杏敦耕,瞻蒲劝穑",庄稼人辛劳一年,老老少少,熙熙攘攘,盼的就是有个好年成。

蛇盘兔 剪纸 韩月琴作 辽宁大连

民间将蛇视为"神虫""小龙"。旧时，人们不敢打蛇，认为打了神龙会责怪，将遭灾遇祸。在蓝田县，人们特称土红色的蛇为"善庄神"，也就是村庄的守护神。如有这种蛇游入院内，户主就要对它烧香磕头，并祈祷道："请尊神受点香火，离开我家，别把小孩吓坏了。"如果是黑蛇，则用木叉挑到门外远处。渭北各县，一般将进入住宅的蛇盛在簸箕里，端着送到门外。要是在野外遇到蛇，便避开。

麦收，与老天爷抢时间的收获。田里丰产了，还不能算数，要做到丰收，仍然靠天——别下雨。如果阴雨连绵，麦子被捂得沤得生了芽，好收成却进不了仓，那才让人心焦。为了祈得晴天，因为四月逢巳，是属蛇的月份，农民们祭蛇，还将四月十二日定为毒蛇生日。礼奉蛇神是为了求得响晴白日，田里开镰，场上晒麦，颗粒归仓。

潮州青龙古庙

庙创自明代，因常见青蛇蜿蜒出没于庙，不伤于人而来去无踪，故名为青龙古庙。历代迭次修葺。正厅门上题额"青龙古庙"，大门横额则题"安济圣庙"，因此庙又名安济王庙。

据载，安济灵王是北宋神宗赵顼（1068年即位）封的。又相传诸葛征蛮，蜀汉永昌太守王伉守城捍贼，殁为神明。明万历十七年（1589年）潮州海防同知施所学重修青龙古庙镇水患，奉入王伉神像，号安济灵王，自此，王伉就成了安济圣王。另尚有一传说：北宋仁宗皇佑年间，广源州侬智高僭称南天王，改元景瑞。由于广源地连潮州，故叛军侬洞据险，皇帝赵祯派杨文广来平南蛮十八洞。宋军行军沿江南下时有青蛇附于身上而征途顺利、征战皆捷而诸洞俱平，班师时杨文广奏知宋仁宗。赵祯便封潮州青蛇为"安济灵王"。又说明代潮州人谢少沧在云南为官，恰逢大旱饥馑，他先开仓济灾而后上奏朝廷，获罪问斩。按滇俗，处决囚犯吊于大树三天尚活者可免其死，谢因此死里逃生，即备祭品到神庙祭拜，见正中端坐者就是搭救自己的神人——"安济圣王"王伉，自此日夜焚香拜之，并于回潮时，将王伉及大夫人、二夫人偶像立于此庙祭拜。每年正月，安济圣王出游，城中万人空巷，争迎神驾，出远洋和经商者尤将其视为事业腾达的保护神。

玄 武

晓 梧

古代的人们把北方的若干星星想象为龟蛇形象,谓之玄武真君。玄武的这些神性特征,不仅赢得了社会各阶层的信仰,也为唐宋以后玄武演变为道教大神奠定了基础。

玄武之神

唐段成式《酉阳杂俎·支诺皋下》:"朱道士者,太和八年常游庐山,憩于涧石,忽见蟠蚖如堆缯绵,俄而变为巨龟,访之山叟,云是玄武。"即传说中之神怪变化。

武当铜龟

玄武是一种由龟和蛇组合成的灵物。玄武的本意就是玄冥,武、冥古音是相通的。玄,是黑的意思;冥,就是阴的意思。玄冥起初是对龟卜的形容:龟背是黑色的,龟卜就是请龟到冥间去询问祖先,将答案带回来,以卜兆的形式显给世人。因此,最早的玄武就是乌龟。

龟蛇合体,有个演进的过程。东汉张衡《思玄赋》:"玄武缩于壳中兮,腾蛇蜿而自纠。"描写想象中"北度而宣游"的情景,玄武用来称龟,这两句赋表现的是龟蛇相戏。汉代时,玄武合体的创作已完成。但是,人们却往往以"玄武"特指灵龟,这就透露出一种信息,即玄武的宝座先由灵龟所据,蛇的介入。是后续的。

玄武之说,汉时已普及。汉瓦当、汉画像石砖均可见蛇缠龟图案。四川卢县出土的一件画像石,缠龟

四川卢县汉代画像石

之蛇,以头对头,张嘴相向,呈逼视之状。那剑拔弩张的气氛,正体现了玄武的含义——《楚辞·远游》"召玄武而奔属",王逸注:"呼太阴神,使承卫也。"洪兴祖补注:"玄武,谓龟蛇。位在北方,故曰玄;身有鳞甲,故曰武。"古人以玄武为兵甲之象。

青铜玄武镇 汉代

广东佛山祖庙锦香池中的石雕龟蛇像

蛇龟合体，成为北方玄武之神。玄武虽然是与青龙、白虎、朱雀平起平坐的四象之一，但其地位的确立，却并不像龙虎雀那样顺当。东龙西虎，大概没有什么竞争，便稳坐于一方星宿大神的位子；玄武却不同，它充当北方之神，可以讲是最终胜出的结果。

据专家考证，原来四象中北方的玄武以前不是乌龟和蛇，而是鹿。出土的春秋初年虢国青铜镜上是左虎右龙，上鹿下鸟。曾侯乙墓盖子上有二十八宿的盒子，北方七宿对应的侧面描绘的是两只鹿。此外，还有麒麟。古人曾以龙、凤、龟、麟为四灵。四灵之中，麟未入十二生肖，却留下一段文化的轶闻，影影绰绰之间，麒麟似曾立在北方星宿大神的位置上。还有蟾蜍。蟾蜍以月之精灵的身份，也曾充当北方玄武的象征。四川泸州市合江县东汉墓石棺，棺盖玄武图像就是一只硕大的蟾蜍。其形略若龟状，背圆形，显得横宽，蟾背疥斑点点。月亮为太阴，蟾蜍既为月精，其本身又属水族，由它充任北方阴极、北方色黑、北方属水的神物，即担当玄武的角色，应该并不费解。

青年学者康笑胤曾在他的《中国神话学考证》中论证：玄武乃玄蛇、龟武之化身。玄蛇是龙首凤翅蟒身，龟武乃龙首鳌背麒麟尾。它们是上古神兽腾蛇及蟲厥的演变，也是北方民族龙图腾跟龟图腾的融合。龙蛇原是一体，鳌是龟的演变，即龙之子的前身或另一种称呼。龟蛇结合是生殖文化的表现，也是中国几千年来，劳动人民对龙龟图腾演化的智慧结晶。

玄武神

玄武 河南洛阳出土北魏石棺画像

真武大帝

真武大帝传为盘古之子,于玉帝退位后任第三任天帝,生有炎黄二帝。曾降世为伏羲,为龙身,中华之祖龙。

真武大帝,又称玄天上帝、佑圣真君玄天上帝,为道教神仙中赫赫有名的玉京尊神。现在武当山信奉的主神就是真武大帝,道经中称他为"镇天真武灵应佑圣帝君",简称"真武帝君",民间称荡魔天尊、报恩祖师、披发祖师。明代以后,在全国影响极大,近代民间信仰尤为普遍。

真武,为北方之神。《楚辞·远游》注云:"玄武,北方神名。"又为水神。根据阴阳五行来说,北方属水,故北方之神即为水神。王逸《九章怀句》云:"天龟水神。"《后汉书·王梁传》曰:"玄武,水神之名,司空水土之官也。"《重修纬书集成》卷六《河图》:"北方七神之宿,实始于斗,镇北方,主风雨。"因雨水为万物生存所必需,故玄武的水神属性,深受人们的信奉。

真武,还被作为阴阳交感演化万物的象征和司命之神。龟因其寿命长而成为长寿和不死的象征,晋干宝《搜神记》中引用管辂的话曰:"南斗注生,北斗注死。"

玄武的这些特性,不但赢得了社会各阶层的普遍信仰,而且还为唐宋以后玄武演变成道教大神奠定了基础。

东汉后期是玄武地位上升的阶段。《重修纬书集成》卷六《河图》称他为黑帝之精,甚至说"北方黑帝,体为玄武,其人夹面兑头,深目厚耳"。道教形成以后,尊崇玄武七宿中的第一宿,即斗星,又称南斗,信仰"南斗注生,北斗注死"。当时玄武还只是一个护卫之

檀香木根雕玄武大帝法像

陕西白云山真武大帝像

神,但其在民间的信仰从未间断,只是职掌和地位还不太显赫。后来玄武成为道教奉祀的大神,其信仰的兴盛就与其在民间的影响有着直接的关系。

关于玄武更名为真武的原因,众说纷纭。一说为避宋真宗的讳(宋真宗曾馥名玄休、玄侃),此说见于《集说诠真》等书中;另一说为避赵宋"圣祖"赵玄朗的讳,此说见于《朱子语类》中。玄武改为真武后,玄武的名称很少有人提及了。北宋时期,真武的形象仍是龟蛇。到了南宋,真武人格化的传说开始日益繁盛。宋太祖时,已有真武、天蓬等为天上大将之说,于是人格化的真武诞生了。

道教经书中描绘真武的形象是披发黑衣,金甲玉带,仗剑怒目,足踏龟蛇,顶罩圆光,形象十分威猛。《元始天尊说北方真武妙经》宣称,真武帝君原来是净乐国太子,生而神灵,察微知运。长大成人后十分勇猛,唯务修行,发誓要除尽天下妖魔,不愿继承王位。后遇紫虚元君,授以无上秘道,又遇天神授以宝剑。入武当(太和山)修炼,居二十四年功成圆满,白日飞升。玉帝下令敕镇北方,统摄玄武之位,并将太和山易名为武当山,意思是"非玄武不足以当(挡)之"。宋天禧年间(1017年—1022年)诏封为"真武灵应真君"。元朝大德七年(1303年)加封为"光圣仁威玄天上帝",一跃而为北方最高神。

明代是真武大帝声势显赫、民间信仰最为普遍的时期。明代初期,朱元璋的儿子燕王朱棣发动"靖难之变",夺取了王位。传说在燕王的整个行动中,真武大帝都曾显灵相助,因此朱棣登基后,即下诏特封真武为"北极镇天真武玄天上帝",并大规模地修建武当山的宫观庙堂,使武当山成为举世闻名的道教圣地,并在天柱峰顶修建"金殿",奉祀真武大帝神像。

真武大帝的诞辰日为农历的三月初三日。武当道教把真武大帝诞生日定为重大节日,每年这一天都举行隆重的庆典活动。

陕西白云观每逢真武大帝诞生日也有祭奉活动,并且在四月初八真武大帝的圣像开光日、九月九的真武大帝飞升日,还有盛大的庙会活动,成为朝山进香与集市贸易的盛会。

武当山三月三庙会盛况

玄武

四灵　河南洛阳出土北魏石棺画像

吃蛇习俗

吴裕成

据明末清初屈大均的《广东新语》载："天下所有食货，粤东几近有之；粤东所有之食货，天下未必尽也。""南烹"之名，见于典籍。

尽管食蛇习俗古已有之，但广州人吃蛇却是清末民初才重新普遍起来的。

蛇的营养价值

蛇肉肉质细嫩，味道鲜美可口，是营养丰富的美味佳肴，具有高蛋白质、低胆固醇的优点。蛇肉含人体必需的多种氨基酸，其中有增强脑细胞活力的谷氨酸，还有能够解除人体疲劳的天冬氨酸等营养成分，

广州蛇餐馆全蛇宴

粤人食蛇，是从古越族的先民中流传下来的一种饮食习惯。由于地处亚热带，可供食用的动植物繁多。早在西周，就有南方人吃蛇的记载，至西汉人刘安编著的《淮南子》，也有"越人得蚺蛇以为上肴"的记载。

秦始皇南定百越以后，岭南与中原文化、经济交往渐多，进入汉代后更加频繁。在广州发掘的几座汉墓中，已可见中原的烹调法与南越人杂食之风的融合。南宋时期，大批中原士族南下，使中原的烹调技术流入南方，南逃的皇室甚至把中原的饮食习俗一直带到琼海。广东菜系中至今尚保留有许多中原古代食法。而南案人惊叹的岭南人"不问鸟兽虫蛇，无不食之"与北味烹调技术的相结合，就形成了南方特有的菜肴，成为初具雏形的粤菜。

是脑力劳动者的良好食物。蛇肉具有强壮神经、延年益寿之功效，同时有滋肤养颜、调节人体新陈代谢的功能。蛇肉中所含有的钙、镁等元素，是以蛋白质融合形式存在的，因而更便于人体吸收利用，所以对预防心血管疾病和骨质

龙虎凤烩　广东名肴

吃蛇习俗

三蛇酒

疏松症、炎症或结核是十分必要的。蛇肉含有丰富的营养成分，脂肪中含有亚油酸等成分，而胆固醇含量则低于猪肝、鸡蛋等，对防治血管硬化等有一定作用。

蛇胆，是蛇体内贮存胆汁的胆囊，有清热解毒、祛风祛湿、明目清心的功效。特别是对急性风湿性关节炎、肺热咳嗽、胃热疼痛、肝热目赤、皮肤热毒等疾病，疗效极为显著。但是不能生吃蛇胆。蛇胆是鞭节舌虫依附的主体，生吞蛇胆，当其进入消化道后，鞭节舌虫可在肠粘膜下寄生，不但大量吸食人体营养，还会因粘膜损害而发生腹痛、腹泻、持续性发热等症状。

现场杀三蛇取蛇胆配酒，在广州的酒楼食肆里令人叹为观止。席间，一位师傅提着一个笼子，里面装着三条活蛇，一条是眼镜蛇，一条是金环蛇，一条是"过树榕"。师傅随手抓起一条，左手捏着蛇头，一脚踩着蛇尾，在蛇腹中按一下，用小刀划开一个小口，轻轻地挤出一粒如菩提子般大小的蛇胆，放在白色的小

杀蛇

碟里，接着把三颗碧绿晶莹、带着温热的蛇胆剪破，倒入一个盛着米酒的瓶子内拌匀，然后分给席上每人小半杯品尝。蛇胆酒甘凉，没有苦味。蛇胆若制成干胆，可保存一年。食用前用剪刀剪开，泡入开水或酒中隔水蒸数分钟，有驱风活络、活血行气、镇咳止喘的功效。

广州蛇王满

广州人吃蛇大约与全市最早的蛇餐店——"蛇王满"的开设有很大关系。因为不少人虽然爱吃蛇，但不敢杀蛇，更不懂如何烹蛇。

闻名海内外的广州"蛇王满"，即今位于浆栏路的蛇餐馆。这里曾经接待过杨振宁、李政道博士。杨博士是安徽人，李博士是苏州人，都是慕名前来。

据说蛇王满最早的主人是吴满，是个捕蛇者，后来他在广州开设了一家小竹棚。传说他

蛇胆酒

广州蛇王

香港蛇王芬饭店

每天必吃一蛇,被称为"蛇王满"。蛇王满是1855年在广州开设的第一间专营蛇业的店,收购各地和省外蛇货,以制造蛇胆陈皮末、三蛇酒,但蛇肉难以找到出路,只好熬成大锅汤出售。由于食法单调,少人问津。后来将蛇拆骨撕肉,加入鸡肉丝、火腿丝、猪肉丝、冬菇、木耳、马蹄等作配料,熬成蛇羹,店内摆上几张木台,专供顾客尝试。由于配制得当,美味可口,食客逐渐增多。

到蛇王满来就餐的顾客最喜欢吃的是三蛇——眼镜蛇、金环蛇、灰鼠蛇。这三种蛇都是毒蛇。宰蛇人用锐利的小刀先在蛇腹部取出紫黑色的蛇胆,放进盛酒的小杯里,直接交顾客生吞(蛇胆可以明目去风湿,医疗价值较高。一个蛇胆的价格相当于全蛇的六分之五)。然后用小刀轻轻在蛇身上划过,剩下蛇皮,再把雪白光滑的蛇肉切成小片或细丝,前后只需要几分钟的时间。据介绍,"蛇王满"每天宰蛇上百条,每年需蛇量达三十多吨。"蛇王满"的三蛇羹不久就驰誉全广州。此后,广州著名酒家大三元、南园、北园等,都群起仿效。每年秋冬季节,就把三蛇羹作为名菜,广招食客。

美味蛇肴

作家李六如写的《六十年的变迁》,其中就提到广州吃蛇的精彩场面。蛇羹一上了席,就难以分辨,其肉远比鸡肉为美。毒蛇更为理想,将银环蛇、眼镜蛇、金环蛇去头剥皮,蒸熟或浸熟蛇身,再撕成肉丝,加入鸡肉丝、果子狸肉丝、鲍鱼丝、花胶丝、冬菇、木耳,再加入生粉、菊花,制成蛇羹,便是上菜。如果想量多而丰厚,还可加水蛇、锦蛇混入配置,就是"五蛇羹"了。

蛇菜花样繁多,除蛇羹外,还有百花酿蛇脯、原盅炖三蛇、三蛇炖乳鸽、炒蛇片等不胜枚举,除两广外,这种菜谱为外省所罕见。

广州人现在吃蛇,比起以前来,已有很大发展,除了三蛇羹外,还有炒蛇丝、蛇汤、酿蛇脯、炒蛇皮等,有一百多个品种。如再配以各种猫、鸡、鲍、参、水鱼、山瑞等山珍海味,可做出千变万化的丰富蛇宴。勇敢者可吃显形蛇肉,即可以在盘中看到蛇的完整原形;隐形的吃法,吃完了还不知是蛇。

蛇火锅在广州又叫"打边炉",汤底清淡,深得粤式火锅之精髓,先将蛇皮、蛇骨扔进锅里。蛇肉剔骨切薄片,吃的时候就像涮羊肉一样,用筷子夹起,在锅里轻轻一涮,即可捞起来,蘸着特制的酱料吃,尽显蛇肉的原汁原味。吃完了蛇肉,再夹起蛇皮,口感又韧又黏。最后则可以将蛇骨头捞上来吃了。当然还可以舀汤喝,精华全在其中,想要不鲜都难呢。

口味蛇焗　　*湖南名肴*

青椒焖蛇　　*湖南名肴*

在浙江温州，入冬后食蛇也有蛇火锅，还有蛇煲鸡、椒盐蛇碌、干鲍煨蛇、美极火焗蛇段、老鸡药材煲蛇等。其中美极火焗蛇段算是创新蛇菜，做法类似于避风塘蟹。蛇段外面是厚厚的一层蒜茸面包糠，微微带辣，很香。用手抓着啃，连指头都舍不得放过，被人称为"吮指蛇"。

在湖南长沙的大小餐馆，大多有蛇食，如口味蛇、青椒焖蛇、姜辣蛇、秘制蛇、干锅带皮蛇等蛇食，已成为新湘菜不可或缺的风味主角。

口味蛇是湘菜名菜，选用高蛋白、低脂肪、肉质细嫩的本地蛇作原料，配制以鲜、香、辣为主要特征的口味。

口味蛇源于宁乡。宁乡乡村有个胡建民，年轻时做铁匠，后因机缘巧合，半路出家在村口开了家口味蛇店，口味蛇卖得风生水起。后胡建民携自己的招牌菜"建民口味蛇"参加全省烹饪大赛，以粤厨的技法、湘菜的味道、神秘而鲜辣的汤汁、肥美而韧劲实足的蛇肉折服评委，夺得金牌。由此，口味蛇成为湘菜名菜。

但是，据说传统湘菜中并没有用蛇作原料的菜。随着人们生活水平的提高和蛇的人工饲养技术的普及，吃蛇已不再仅仅是粤菜的专利，与各地的烹饪技术、口味相融合，已经创造出越来越多的美味蛇肴。

太史五蛇羹　　*香港名肴*

椒盐鲜蛇碌　　*香港名肴*

香茄炆蛇腩　广州蛇餐馆

三蛇羹

虫草花三蛇羹

水鸭焖蛇

乌龟炖蛇段

蛇丁扒饭　广州蛇餐馆

椒盐蛇碌

炒蛇丝

蛇火锅　浙江温州

兰豆炒蛇丝

巴国辣香蛇

美极火焗蛇段

蛇煲鸡

雀巢龙凤丝　广州蛇餐馆

龙虎凤大烩　广州蛇餐馆

卤蛇段

红烧蛇肉

龙虎斗

花胶蛇腩煲　香港蛇王芬饭店

吃蛇习俗

维虺维蛇　女子之祥

吴裕成

游湖借伞　手工扑灰年画　民国　山东高密

峨眉山白蛇、青蛇修炼成精，思念凡尘，幻化成美女同游杭州西湖，遇钱塘许仙。白蛇爱慕，青蛇知其心意，见许仙手中持一伞，乃作法召来细雨。许仙急于回家，于湖滨觅舟不得，青蛇又以柳叶化成一舟，许仙登舟。白、青二蛇亦来搭乘，并共擎一伞以遮雨。舟中相互叙话，白蛇答以姓白名素贞，新寡。临别雨未停，许仙将伞借与二女并约定明日到白家去取。二人由此定情，终成婚配。

　　生儿育女，弄璋弄瓦，留下如此典故的《诗经·小雅·斯干》，还告诉人们：''维熊维罴，男子之祥；维虺维蛇，女子之祥。''这说的是梦。梦到熊罴，生男孩的征兆；梦见蛇虺，生女孩的征兆。梦熊——得子的典故——后来做了许多男性的名字。

　　熊是雄壮的动物，让人联想到男子汉。相比之下，蛇显得阴柔，而区别阳刚，让人联想到柔弱的女子。这便有了''维虺维蛇，女子之祥''的说法。

　　以阴阳之说来归类，蛇属阴。十二生肖蛇配巳，辰阳而巳阴，正好符合对于蛇的阴阳判断。

　　这种阴阳定位，影响所及，派生出蛇成精魅化女人的故事。有句名言''化做美女的蛇''，正是这一古老观念的产物。这一思路所编织的故事，最为典型的就是妇孺皆知的《白蛇传》。

　　白蛇的故事，为中国四大民间传说之一。大约受了姬老鹤发、翁寿银须的影响，古人认为动物成精，皮色毛色会变白。白蛇之白即由此而来。故事讲，白蛇修炼成精，名叫白素贞，人称白娘子。她有一个好姊妹，叫小青，因为比她修炼逊了一筹，所以尚处于''青蛇''阶段。白蛇、青蛇都变幻为美女。白娘子与许仙的爱情故事，悲欢离合，口头传讲，舞台搬演，赢得了一代代人感动的泪水。在杨柳青传统年画《断桥》中，小青怒斥许仙无情，手举双剑；跪地的许仙则又悔又怕样子；白素贞站在两人中间，以身体护着许仙，并推挡着小青举剑的手腕，全然是有情有义好女子的形象。

维虺维蛇　女子之祥

白娘子的故事，较早的记载见于宋话本《西湖三塔记》，历经明清两代流传加工，蛇气妖气不断淡化，白素贞与小青双双成为性格善良的"人"。然而，这却并不能掩饰此传说母题，即蛇变美女。

其实，白蛇青蛇的蛇人之变，体现了古人面对形象可怖的蛇，所开掘出的美丽想象。

这想象，创作出隋侯之珠。晋代干宝《搜神记》载，隋侯出行，见大蛇受伤，不能动弹。隋侯让人为蛇敷药包扎。一年后，蛇衔明珠报答隋侯。那是一颗直径一寸有余的夜明珠，人称灵蛇珠，又称隋侯珠。这是知恩图报的故事。

游湖借伞　墨线版印年画　民国　福建福鼎

游湖借伞　木版套色年画　民国　山东潍坊
民间神话传说，有《白蛇传》的故事，说峨眉山有白蛇和青蛇修炼成精，想到山下湖光山色美丽的地方一游，于是作法来到杭州西湖岸边，变成一对美人游山逛景。因在船上同一药铺青年许仙同舟，白蛇顿生思凡之心。白蛇为和许仙搭话，用法术变晴天为阴雨。下船时，许仙将雨伞借给了白蛇，并约定日期往访。至期，许仙前往取伞。白蛇自称丧偶独身，愿与许仙成婚。图中许仙和白素贞（白蛇化名）、小青（青蛇化名）皆着戏衣行头，如舞台演出。

白蛇传·水漫金山　皮影　传世　甘肃平凉地区

影戏传统剧目《白蛇传》中一出。剧写法海挡许仙于镇江金山寺,不令还家。白娘子偕小青驾舟往索许仙,法海不予。白娘子忿而至东海求龙王发救兵,搬来虾兵蟹将、鲤精龟怪,水漫金山。法海将避水袈裟护定佛殿,亦召雷公、电母、杨戬、哪吒等力敌水族。后得魁星解围,法海乃放许仙下山,与白娘子在断桥相会。

白蛇传·断桥

维虺维蛇 女子之祥

水漫金山　墨线版印年画　民国　福建福鼎

许仙与白素贞相识成婚后，曾盗钱塘县银，又散瘟卖药，金山寺僧法海知是白蛇所为，趁许仙到金山寺降香之机，留许于寺中并告知许妻为一白蛇所变。白素贞见许仙一去不返，携小青同往金山寺索夫，法海不允。白娘子怒与法海斗，作法召来水族，兴风鼓浪，欲淹没金山寺。法海则以袈裟防水，水不得入寺。其时白蛇已怀孕，战久疲劳，退水回归临安而去。本图刻画了《白蛇传》中水斗之场面。

合钵收妖　墨线版印年画　民国　福建福鼎

青白二蛇因水漫金山，伤害生灵，玉帝下旨命法海收降二蛇。法海至杭州，见白娘子已产一子，尚在襁褓中，将金钵付与许仙。白娘子抚儿渐大，悔不归堕落凡尘，不料许仙持金钵上楼，白蛇惊怕，抱子急忙避入后堂。其时法海已至，令许仙不得违天帝之命。白蛇知命当如此，乃弃子跳入钵中。法海将白蛇压于雷峰塔下。许仙则随法海修道而去。

断桥　年画　天津杨柳青

蛇的禁忌

王迅

中国人世代沿袭的生肖传统和习俗中，也包括若干禁忌和其他迷信说法。

梦蛇——女儿降生的预兆

周人有重视占梦的传统，传说周文王和周武王在灭商之前都做过一些吉梦，周文王还曾用占梦的手段来选择贤臣。占梦的方法很多，其中使用较多的是象征法，即用梦中具体的物象来表现与之相关的事情。

《诗经·小雅·斯干》说："下莞上簟，乃安斯寝，乃寝乃兴，乃占我梦。吉梦维何，维熊维罴，维虺维蛇。大人占之，维熊维罴，男子之祥。维虺维蛇，女子之祥。"意思是说：在下有蒲席、上有竹簟的处所安睡，睡起来就去占自己的梦。好梦是什么？是梦见熊、罴，是梦见了虺、蛇。大人占了这梦，说梦见熊和罴，是生男子的吉兆，梦见虺和蛇，是生女子的吉兆。

癸巳太岁徐单

如果一个人出生年份的生肖，与"值年太岁"相同、相刑、相冲，民间称之为"犯太岁"。古语称："逢太岁之年，无喜必有祸。"

由于"本命年"犯太岁，所以民间信奉这一年要万事小心，保护健康。太岁神是年岁之神，道教经籍中说，太岁神主管人的"本生身命之灾"和"流年临犯之厄"。也就是说，人们一生的吉凶祸福是由太岁神主管的，人们每一年的健康或疾病、运气的顺当或不利也是由太岁神决定的。

所谓"安太岁"，就是为了祈求太岁神护佑自己身体健康平安、流年大吉大利。而对本命之年或犯太岁的人来说，"安太岁"的目的就是为了希望在"值年太岁"当值的年月里获得太岁神的关怀，消灾解厄，同时也是提醒自己在本命之年小心谨慎，遵纪守法，多做善事，注意冷暖，避免触犯太岁神，给自己带来疾病和灾祸。

辛巳年生肖币

为什么说梦见蛇是生女儿的吉兆呢？古人解释说，虺、蛇都是阴物穴处，柔弱隐伏，所以是女儿降生的预兆。而熊、罴在山，阳之祥也，所以是男儿降生的预兆。这里所用的占梦方法就是象征法。大约周人认为梦蛇生女的传统心理由来已久，占梦的"大人"便利用人们的这类传统心理来解梦。

周人虽然重男轻女，但仍将梦蛇视为一种吉兆。这种观念后来发生了一些变化，不过，从后世的种种"解梦书"中可以看到，梦见蛇多属吉兆，如：梦见蛇当道者，大吉。梦见蛇虎者，主富，吉。梦见蛇叫者，大吉利。梦蛇入怀中，生贵子。梦龟蛇相向，主财至。梦食蛇肉，主好运。美国爱伯哈德在《中国文化象征词典》中说："梦见蛇有不同的解释方法：梦中遭到蛇的追赶表示有好运气；梦见黑蛇是要生个好姑娘；梦见灰白色的蛇则生儿子。在台湾，梦见蛇意味着财产将受损失；如果蛇是盘成一圈，围绕着做梦者，那么就表示做梦者的生活将要发生很大变化，这主要是根据蛇蜕一次皮就要发生一次大变化而想象出来的。如果一个男人梦见一条蛇，那么就表示他又要新交一位女友。"

占梦的迷信活动在发展中吸收了不同地区、不同时代的内容，使迷信类型多样化。周人梦蛇生女的迷信内容，虽然也残留到后世，但对于梦蛇的解释却不仅仅限于生女一事了。

民国史料笔记《退醒庐笔记》记有一则故事。故事讲，沪南王氏，小康之家，为儿子说好了一门亲事。两家门当户对，女方嫁妆也丰，王氏很满意。迎娶前一天，王氏梦见巨蛇入门，梁倾墙倒。噩梦惊醒，想到"新妇庚肖适为蛇"——将要过门的儿媳属蛇，于是便觉得是得了"梦兆"，并且对上了号。由此，对新媳妇"殊深恶之"，完全失去了好感。这样的解梦，造成家庭不和，是害人不浅。

两蛇相斗　不祥之兆

在古代，蛇斗的现象常被称为"蛇孽"，是蛇的反常现象。此外，群蛇聚集活动，从国外进入国中等反常现象也被归入"蛇孽"。这类现象与传说中龙的某些活动合称"龙蛇孽"。

蛇的异常活动早在春秋时期就有记载。

《左传·庄公十四年》记载，这一年居住在栎的郑厉公侵郑，在郑地大陵擒获了郑国大夫傅瑕。傅瑕请求放了他，答应将为郑厉公做内应。郑厉公与傅瑕盟誓，放他回郑国。六月

白玉雕双蛇佩　清代

甲子，傅瑕如约杀死郑国当政的国君及其两个儿子，接纳郑厉公入郑。在此事发生之前，郑国曾经出过一件罕见的事，在郑国南城门内，两蛇相斗，一条蛇是城内的蛇，另一条是城外的蛇，内蛇在相斗中死去。此后六年，郑厉公入郑。有人认为，两蛇相斗就是这个政治事件的征兆。蛇是北方水物，水成数六，所以经过六年厉公入。这当然也是一种迷信的解释。汉代以后，产生了所谓"龙蛇孽"的迷信思想，认为蛇的某些活动如两蛇相斗等是不祥之兆。《汉书·五行志》中说，刘向就认为，春秋时期郑国两蛇相斗内蛇死的事情就近于"蛇孽"。

东汉时的两次蛇孽，出现于王室微弱的桓、灵二帝在位时，更容易被后人解释为"皇极不建"、政权衰微的征兆。汉以后的史书中，记载蛇的反常活动之例甚多，每见于《五行志》中，一般称为蛇孽或龙蛇孽。

南朝陈后主曾做过一个噩梦，《南史·陈本纪》载："后主又梦黄衣人围城，乃尽去绕城橘树。又见大蛇中分，首尾各走。"蛇分为两段，首尾各走是梦中的事。陈是短命的政权，后主是亡国之君，这个大蛇中分，两段都会跑的怪事也被当成亡国的征兆。

因为人们相信蛇的某些活动与政治、政权有关，所以就有人利用蛇来编造谎言。如宋代大臣丁谓就曾让道士编谎话骗人。《续通鉴》卷三十五载："女道士刘德妙尝以巫师出入丁谓家，谓败，逮系德妙，内侍鞫之，德妙具言：'谓尝教之曰：'汝所为不过巫事，不若托老君言祸福，足以动人'。又因穿地得龟蛇，令德妙持入内，始言出其家山洞。"

《元史·五行志》载：至正"二十三年正月甲辰，广西贵州江中有物登岸，蛇首四足而青色，长四尺许，军民聚观而杀之"。"二十八年十一月，大同路怀仁县河岸崩，有蛇大小相

缩结，可载数车"。

历代学者都对五行迷信观念进行过批判，对《五行志》的内容，很少研究和引用。国家的兴衰当然不是由蛇的活动决定的，所谓"蛇孽"并非政权衰微的征兆。在西汉王朝的盛世——汉武帝在位期间出现的"蛇孽"就是一个并不预示政权动摇的例子。蛇的异常活动，无论在盛世和乱世都会有，只是出现在乱世的更被渲染和宣传，加以解释、说明，与王室的微弱、灾难的发生联系起来。

人们为什么会把蛇与灾难、祸乱联系起来呢？

晋干宝《搜神记》说："桓帝即位，有大蛇见德阳殿上，雒阳市令淳于翼曰：'蛇有鳞，甲兵之象也。见于省中，将有椒房大臣受甲兵之诛也'。及弃官遁去。"

因为蛇有鳞，所以象征甲兵，预示刀兵之

南朝陈后主

祸。这是对蛇孽的一种解释。但是，有鳞的动物不只是蛇，鱼有鳞，穿山甲有鳞，为什么都不是"甲兵之象"呢？龟、鳖虽无鳞，却有甲，为什么也不预兆刀兵之祸呢？可以想到的原因还有：蛇与灾难都是人们所厌恶的、不愿看到的；蛇的活动可以作为预测天气的依据，人们由此联想到以此预测政局、人事；蛇的异常活动常与自然灾害有联系；蛇与龙相似，而传说中的龙是神物，活动常与国家大事有关。

今天，在民间还留有某些关于蛇的禁忌迷信，如有的地方认为蛇的交配、出血都不能看，如避之不及就会遭灾。还有的地方认为见蛇就有灾。这类迷信中，有的就是古代"蛇孽"迷信的残余。

蛇的谶谣

谶谣是预言未来的带有神秘色彩的诗谣，通俗但蒙眬。内容往往预言政治大事，如国家衰亡、战争胜负、政权易手、重要人物的吉凶生死等等。其有一些与蛇有关，可以称为蛇的谶谣。

《新唐书·五行志》载咸通十四年，"成都童谣曰：'咸通癸巳，出无所知，蛇去马来，道路稍开。头无片瓦，地无残灰。'是岁，岁阴在巳，明年在午。巳，蛇也；午，马也。"

这首谶谣是用生肖指代干支时间，咸通是唐懿宗的年号，蛇去马来，指癸巳年蛇年过去，甲午年马年到来。懿宗死于癸巳（873年），次年僖宗改元。"头无片瓦，地无残灰"则是指以后唐王朝遭黄巢起义打击后的残破景象。

《张氏可书》卷一记载北宋末年，范致虚将军镇守今北京一带，逢靖康之变，朝廷令边帅北上勤王。当时的民众中流传着这样一首谶谣："草青青，水渌渌，屈曲蛇儿破敌国。"范致虚的范字，上边是草字头，应着"草青青"，左边三点水，是"水渌渌"，右边是"巳"，巳在生肖中与蛇对应，所以说是"屈曲蛇儿"。人民希望范致虚打败敌人，用谶谣表达心声，预测战局。

《魏书·张寔传》载：平文皇帝四年，张寔被他手下的阎沙杀死。事前曾有谶谣说："蛇利磤，蛇磤，公头坠地而不觉。"预言张寔的被杀。

清代曾发现一伪托唐朝袁天罡、李淳风的谶谣石碑，碑文中暗指明代事，以生肖为线索。

算死董卓的谶谣

谶谣："千里草，何青青；十日卜，不得生。"很明显，"千里草"就是个"董"字，而"十日卜"是个"卓"字，其中的含义也就不言自明了。而当时更有讲究的说法是：字的"离合"一向都是从上而下的，但这首歌谣却是从下而上地拆字，"董"字按顺序本是"草千里"，"卓"字本是"卜十日"，现在却颠倒了，这就暗示着董卓的以下欺上。

其中有"火龙飞下楚地乱,火蛇出世起根由",不知指何事。另一首伪托明代黄蘖禅师的谶诗,说的是清代史事。有"二十五弦弹易尽,龙来龙去又逢蛇"两句,暗指嘉庆皇帝在位25年,丙辰龙年登基至庚辰龙年。此后道光皇帝继位,是在辛巳蛇年,所以说"又逢蛇"。诗中又有"白蛇当道漫腾光,宵旰勤劳一世忙"。白蛇是指蛇年登基的道光皇帝。这两例谶谣当然不可能是事前的预测,都是"事后诸葛亮"伪托前人编造出来的。

编造谶谣有各种动机,有的是人民心声,有的是起义号召,有的是制造舆论,实施阴谋,不能一概而论。无论出自什么动机,谶谣大都与政治密切相关,或在政治的潮流和风浪中起过推波助澜的作用,或在历史事件之后故弄玄虚,将事后的总结说成事前的预言。

蛇生肖的禁忌、迷信

过去,在男女婚配方面存在着生肖相克的禁忌。生肖动物之间有相合或相冲的关系,而相应属相的人并无这些关系。把人为的主观概念——人的属相与自然界相应动物间的关系联系在一起的禁忌,自然是迷信之说。

在我国的汉族地区,以前常常把生肖作为男女婚配是否适宜的依据之一,并且流行着种种说法。如:"鼠羊相害"、"牛马相害"、"白马怕青牛,猪猴泪长流"、"兔龙相害"、"两只羊,活不长"、"鸡狗相冲"、"牛羊相冲"、"虎猴相冲"、"兔鸡相冲"、"龙狗相冲"、"鸡猴不到头"、"鸡狗断头婚"、"龙虎斗"、"龙虎不相容"等等。

关于蛇生肖与其他生肖间的婚配禁忌有"蛇虎相配如刀错"、"蛇虎相害"、"蛇猪相冲"等,即属蛇的人与属虎的人、属猪的人不宜结为夫妻,否则就会相克或相冲。

说"蛇虎相害",可能是人们知道蛇与虎

十二属相图(蛇犯虎) 年画 天津杨柳青

蛇的禁忌

新绘十二属相（局部）　陕西神木

都凶狠，二者不能相容共处。"蛇猪相冲"之说出现甚早，王充《论衡·物势篇》"亥，水也，其禽豕也；巳，火也，其禽蛇也。故豕食蛇。"可见汉代已经有了这种与五行相克相联系的蛇猪相冲迷信说法。

同样，也有某些属相的人婚配相合之说，如："青兔黄狗古来有，万贯家财足百斗"、"红蛇白猴满堂红，福寿双全多康宁"等。

算命先生更把人的生肖作为预测吉凶祸福的重要依据。

现在，还有人把生肖作为判断人的性格、预测人的命运的依据。不过，生肖迷信对于大多数人来说已经不起作用，其迷信意义已大为淡化。但人们对于自己的属相或自己亲人的属相，往往情有独钟。生日贺卡上常有对某一生肖的赞美之辞或吉祥语，这样的贺卡有时受到寄送贺卡的人和接受贺卡的人两方面的喜爱，这种现象就不应简单地视为迷信了。又如在每年春节前后，人们常说一些诸如"龙年大吉"、"蛇年如意"之类祝福的话，这也无可非议。源远流长的十二生肖，历来为人们所重视，因其深入人心，所以容易触发人们的联想。当与生肖相关的赞美辞和吉祥语恰巧言中，更会为人们带来欢欣和喜悦。

我国不少少数民族中也有以十二兽与年、月、日相配的现象，有的民族中也存在着生肖迷信。如彝族地区就有依十二生肖预测吉凶的习俗。彝族传统的十月太阳历，分一年为十个月，每月三十六天，为三个生肖周。对于生肖月和生肖日有一些禁忌，如虎月的鼠日出门不利，蛇月的鼠日出门不利。还有，某一生肖日对某些属相的人不利，如：龙日对属牛、猴、鸡的人不利，牛日对属龙、羊、狗的人不利。

对自然界中某些动物的禁忌、迷信是对相应生肖的禁忌、迷信的根源之一。以蛇和蛇生肖为例，正是因为蛇与人的生活关系密切，所以被选入十二生肖。又因为人们畏蛇，所以产生了，"见蛇三分灾"，怕见蛇出洞、蛇蜕皮等禁忌，这又加深了蛇的神秘感，衍生出某些对蛇生肖的禁忌、迷信。

十二像（局部）　年画　天津杨柳青

端午避五毒

晓梧

五毒花钱

农历五月初五是我国民间传统节日端午节，又称重午节、端阳节。

端午前后正值初夏季节，天气炎热，多雨潮湿，蚊虫滋生，是传染病的高发时节。所以旧俗视农历五月为"毒月"，并有"避五毒"之说。

所谓"五毒"，是指人们心目中五种有毒或有害的动物。不同时代、不同地区人们所说的五毒有一些区别。有三种说法比较常见：一说是蝎子、蜈蚣、蛤蟆、蛇和壁虎；另一说则是蝎子、蜈蚣、蛤蟆、蛇和蜘蛛；第三说是老虎、蝎子、蜈蚣、蛤蟆和蛇。无论哪一说，蛇都在其中，可见人们畏蛇，由来已久。

为了避免疾病的发生，人们将艾叶编成老虎形状，据说老虎能够威慑百虫驱邪辟瘟。传说菖蒲形状如剑，可以辟邪，人们便用菖蒲做剑，插于门楣，具有驱鬼退魔的功效，俗称"蒲剑斩千妖，艾旗招百福"。

为避五毒，端午节时有些地区用雄黄酒在小孩子额头上画"王"字，取避邪之意；有些地方还专门缝制五毒衣、五毒背心，让小孩子穿上护身；在有些地方，妇女们要忙着缝制虎形、人孩形、鸡心形、粽子形、菱形、绣球形等各种香囊、香包，也有形状如虎、葫芦、"五毒"的，内装雄黄、艾叶、香料，用五彩丝线悬挂在孩子胸前，以图辟邪驱瘟；也有人在孩子脖颈、手腕、足颈上缠绕五色丝线，以求长命百岁；大人们还给孩子穿上老虎鞋，围上老虎兜，据说可以避"五毒"之害，等等。

此外，为了对付五毒，我国许多地方在端午节时还要赐扇，捕蛤蟆，沐浴兰汤，贴永安符，举行钟馗赛会等等。

这些习俗原意都是驱邪避祟，经过长期的流传、演变，如今这些风俗又多了一层祝福纳

五毒图

端午避五毒

老虎镇五毒剪纸　甘肃定西　王秀莲作

吉、审美娱乐的含义。虽然古人的一些防病防疫措施和方法显得落后和原始，甚至还带有迷信色彩，但却表现了强烈的卫生防疫意识。

五毒符即绘有五种毒虫的图案。古人把五毒当作所有害虫的代表，在节日里驱逐或"杀死"它们，以象征驱逐和杀死所有害虫。据载，"绘五毒符，图蝎子、蜈蚣、蛇、虺（毒蛇）、蜂、蛾（蛤蟆）之状，各画一针刺。刊布家户，贴之以禳虫毒"。画面上用针刺毒虫，显然是为了杀死它们。

五毒模型或图案在宋代已经出现。明清时代，妇女头戴五毒图案的装饰品广泛流行。《帝京景物略》记载明代北京妇女端午节也有在头上"簪五毒、五瑞花草"的习俗。

儿童最容易遭受疾病侵袭，所以，儿童服装上出现五毒图案最多，甚至出现专供儿童穿用的五毒衣。旧俗给幼儿穿五毒衣、五毒鞋，据说这样可以免除疾病。

古代的宗教人士利用民间习俗，把五毒图案正式制成"五毒符"赠给施主。清初庞垲《长安杂兴》诗云："一粒丹砂九节蒲，金鱼池上酒重沽。天坛道士酬佳节，亲送真人五毒符。"这是道士所为。清代顾禄的《吴趋风土录》又记载了尼姑也制作五毒符：尼姑们在尼庵里用五色彩笺，剪出蟾蜍、蜥蜴、蜘蛛、蛇、蚿（一种类似蜈蚣的多足虫）的形象，赠送给她们的施主。施主们回家贴在门楣或床边，据说能够驱赶毒虫，称为"五毒符"。民国时代南京人用五色纸折叠成方形，剪出或画出五毒形状，贴在门上或床头，用来禳灾。无论是利用五毒来辟除邪气，还是象征性地消灭五毒，端午节有关五毒的各种习俗都跟科学没有多少关系，它们是一种艺术化的生活形式。人们利用五毒的恐怖形象，提醒大家对各种威胁保持警惕，爱护生命。

五毒图　近代
　图题：天中有五毒，亦能相为恶。将此五毒灵，不去患且伏。

五毒玉把件

五毒壁　翡翠

五毒翡翠把件

五毒坎肩　刺绣

五毒耳枕　刺绣

民间手工艺品蛙枕造型优美、色彩鲜艳明快。青蛙身上绣的五毒，寓为辟邪驱祟。蛙背正中间做一洞，是为了保护小儿的耳朵，使之可透气，因曰"耳枕"。现代的蛙耳枕，已经完全演变成装饰之物。

五毒肚兜　刺绣

端午避五毒

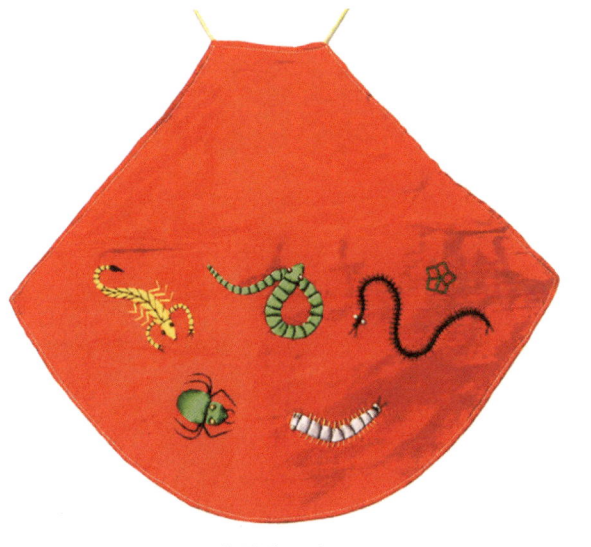
五毒肚兜　刺绣

五毒帽　刺绣

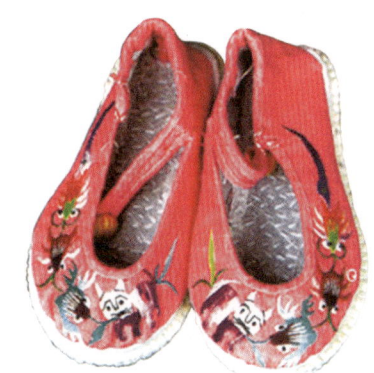
五毒鞋　刺绣

五毒肚兜　刺绣

五毒荷包　刺绣

五毒玉佩

崇蛇习俗

晓梧

绞丝蛇纹佩　战国

我国古代先民在上古时期多信仰蛇神，尊蛇为始祖神。《楚辞·天问》载："女娲有体，孰制匠之？"王逸注为"女娲人头蛇身，一日七十七化"，其子王延寿《鲁灵光殿赋》亦云"伏羲鳞生，女娲蛇躯"。相传伏羲也认为自己受胎是自己的母性始祖与蛇接触的结果，自称是蛇的后裔。古籍中，诸如此类关于蛇的记载很多，说明蛇在上古时期因被视为始祖而倍受尊重。而考古资料显示，在母系氏族社会晚期的大汶口文化和江南地区印纹陶上就有蛇纹，证明蛇崇拜的产生，其历史非常悠久。

蛇与生殖崇拜

我国古代崇拜生殖的神力。蛇，被当作生殖和繁衍的象征，而受到崇拜。

蛇是一种爬行动物，有冬眠的习惯。蛇出洞穴活动的季节，正是春暖花开寻偶的时节。这时人们见到的蛇又多为正在寻偶的或正在交尾的蛇，而见到这种蛇，又被视为吉祥的预兆。因此，交尾蛇就被人们当作人类自己兴旺发达的标志，自然而然地将它作为生殖的图腾象征。此外，蛇的蜕皮也被视为蛇具有"起死回生"的能力，这让受到自然力胁迫、生存条件极为艰苦的原始人对蛇产生了极大的崇敬。

于是，原始人类便把蛇作为图腾加以崇拜，

武梁祠汉画像石刻伏羲女娲
伏羲和女娲中间有一个小孩拉着他俩的衣袖。

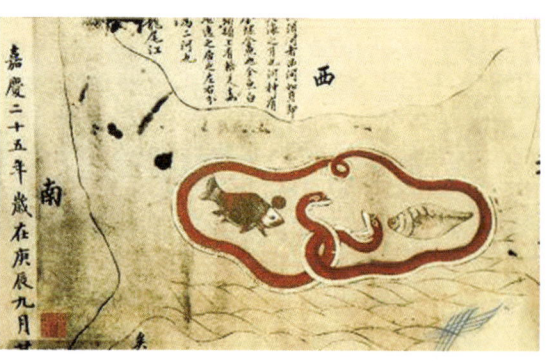

南诏图传·二蛇交尾图　898年

并且认为这样蛇便不会伤害自己反而还会保护自己。中国远古传说中的"神"或"神人",大都是"人首蛇身"。由此来看,"人首蛇身"可能是众多远古氏族的图腾和族徽。

伏羲女娲的神话故事在我国家喻户晓。山东沂南县北寨村汉墓出土的三人合抱图像砖上两蛇交尾图,新疆吐鲁番出土的《伏羲女娲图》,以及河南、山东、四川、陕西等地都出土了大量的"人首蛇身"汉画像砖。山东武梁祠汉画像石上的伏羲、女娲下身作交尾状,并在两人中间有一婴儿。著名的《南诏图传》上也有两条蛇作交尾状。这些众多的二蛇交尾图,都说明蛇崇拜的实质是生殖,与人类的生育、繁衍、发展有关。伏羲女娲作为人类始祖被赋予了蛇的身躯,不仅是神话的神秘性,还因为蛇本身具有顽强的生命力和旺盛的生殖力,是永恒生命的象征。

民间祀奉蛇王

我国各地曾经建有许多祀奉蛇王的庙宇,尤其在江南地区较为普遍,说明这一地区古代对蛇的崇拜,不仅历史悠久而且十分普遍。

明代长汀县城的客家蛇王宫蛇王神像

厦门大学人类学博物馆有一尊明代长汀县城客家蛇王宫的蛇王,底座有一只绿蛇。蛇王是蛇牙蛇眼人身人耳,皮肤黝黑,显示福建原住民(属古代百越族)对毒蛇的敬畏和崇拜。

上海施相公庙

江南地区的蛇王庙,比较著名的如苏州娄门的蛇王庙,庙中没有神像,在梁柱上刻着大大小小的蛇,蛇神还处在自然状态的阶段。蛇王生日时,庙内香火极盛。进香者有的买蛇放生;有的祈求蛇王保佑,不受毒蛇咬伤;还有的请回符咒,贴在堂屋梁上,以辟鬼退祟。苏州地区的一些道院中也供奉蛇王,如吴县穹窿山的上真道院(为天下都城隍),就供了一尊蛇王的神像。这个神两手托盘,盘中有一条蛇。该院还供了一个宅神,它的像是人首蛇身。在江南地区蛇是镇宅神,所以,宅神实际上也是蛇神。

上海地区民间普遍信仰的蛇神叫施相公,宋代洪迈在《夷坚支志》戊卷第三中就有记载:华亭(即松江)之北庵净居院有一神像,在神像前塑有一蛇,民间称之为施菩萨的,就是蛇神。上海几个郊县一般称此神为"施相公",信之甚虔,奉贤一县他的庙宇就有十几所,其中每年举行庙会的就有十所之多。

施相公,相传是宋代一位姓施的书生,他在山间拾到一枚蛇卵,孵出蛇后,为其护身。

后来施被冤杀，此蛇为他索命。朝廷被迫封施相公为"护国镇海侯"，用硕大的馒头供奉他，那条蛇遂盘在馒头上死去。从此，施相公被江南人尊为蛇神。

由此看来，江南地区的蛇神，有以蛇为神的，也有人与蛇发生干系而成蛇神的。

在江苏太仓蛇神是个瘟神，人们向它烧香祈求的都是遇到凶事或祸事。它本是一条青背红肚的大蛇，人称延圣王，也有称为蛇圣的。塑像是青面红须。在浙江湖州的安吉，蛇是山神，神像塑作龙头人脸，白须垂胸。和太仓的蛇神不同，它是山民的保护神，一脸慈善相。当地民间说它是额上有"王"字纹的大蟒蛇。绍兴有个"稽山庙"，也是一个蛇神庙，它的形状就是一条蟒蛇。

江南地区各类蛇神庙还有不少，有的附在城隍庙里，也有的在人家家里设一神宫祭祀，如旧时江苏人常州的祭蛇神就很普遍，清吴骞

永丰蛇王庙

永丰蛇王庙俗称青竹境，在荆溪镇永丰村北一山阜上，主祀青竹蛇王。据说这里青竹蛇特别多，三月初一是蛇王圣诞，大大小小的青竹蛇会一群群地盘聚在蛇王庙的周边。

蕉府行宫

蕉府行宫，原名九使庙，坐落于南屿镇水西林渡口左岸。庙中主祀九使神祇。《闽都别记》中对九使等略有描述，说它是蟒仙蛇王之子。蕉府行宫对于研究闽越族蛇图腾崇拜与闽江蛋民文化等具有很高价值。

在《桃溪客语》中记载："毗陵（毗陵，常州古称）之俗，多于幽暗处筑小室祀神，谓之蛮宅。"不过祭祀的神人首蛇身，接近于祖宗崇拜，人首蛇身是伏羲、女娲的神像。

福建是古代闽越之地，闽越也是越族的一支。该地也崇蛇，蛇神庙尤多。近代尚有不少蛇腾寺、蛇王宫、蛇王庙等遗址，奉祀蛇王菩萨。如闽西长汀县西门外罗汉岭就有蛇王宫，其中立有蛇王塑像；长汀县平原里溪边亦有蛇腾寺；闽中的福清、莆田等地有不少蛇王庙，

樟湖蛇王庙

樟湖镇蛇王庙，俗称"福庆堂"，也称"连公庙"，始建于明代，是"闽蛇崇拜民俗"重要载体之一，也是当地信众举行民俗活动的主体场所。蛇王庙依山傍水，重檐翘角，气势宏伟，古朴古色。殿前屋脊的正中，一条蟒蛇塑像昂视前方；屋檐翘角处和屋檐下的如意斗拱，分别雕有形状各异、神态逼真的蛇头。

2005年，樟湖崇蛇民俗被列入第一批省级非物质文化遗产名录，同时蛇王庙也被列入省级第六批文物保护单位以及涉台古代建筑。

当地人称为"青公庙";闽东古田城外有南蛇庙,传说住着南蛇公和南蛇婆;漳州一带古时有很多蛇王庙,据说唐朝陈之光平定闽南开发漳州后,改废了不少。福建造蛇神庙起源甚早,晋干宝的《搜神记》就记载过:"庸岭下北有巨蛇,长八丈余,围一丈,里俗惧以为神,立庙祀之。"至迟在晋时就立庙祀蛇了。

福建的蛇神也有凶有善,蛇王庙有大有小,有的仅用几块石板搭成"石板宫",疍民则在家设神宫,画蛇以祭。但也有规模比较庞大、庄严巍峨的庙宇,如南平樟湖坂镇的"蛇王庙",就是这样的庙宇。蛇王庙濒临闽江水际,庙为砖木结构的清代建筑,为重檐悬山式。两侧是半圆形假风火墙,墙下为成组的如意斗栱装饰,檐角处的昂头雕成蛇头,形态生动逼真。庙内面阔三间,进深约十米。金柱、梁枋及铺地石板很大。

各地崇蛇习俗

我国很多地方至今还保留着许多崇蛇习俗。人们将蛇分为野蛇和家蛇两种,并禁忌对家蛇直呼其名,代称为蛮家、苍龙、天龙、狐仙、大仙、祖宗蛇、家龙、老溜等等。

民间认为家中有家蛇是吉利的,绝对不可打杀。据说家蛇能够将富人家的米运到穷人家,这种米称为蛇富米或蛇盘米。还有的人相信家蛇守在米囤边,米囤内的米就会自动满出来而取之不尽,但要由专人取米。群众认为老鼠最怕蛇,见了蛇会发出恐惧的叫声,并相信听到这种"老鼠数钱"的声音,预兆着财运到来。有的地区则认为见到蛇跌落掉地或蛇出洞是不吉的,有"男怕跌蛇、女怕跌鼠"之说。汉族民间凶兆有"蛇蜕皮"说,又称"蛇脱壳",流行于贵州都匀、安顺、贵阳等地区。据传,看见蛇蜕皮是一种凶兆,民谚云:"见到蛇蜕皮,不死脱层皮。"尤其是在春季更为大忌。

江苏宜兴地区祭祀家蛇,称为请蛮家或斋蛮家,用米粉做成蛇的样子盘绕在笼屉中间,称为米粉蛇,周围还要放许多米粉做的小团子,象征蛇蛋或小蛇。蛋形食物在祭祀中,反映着人类源于祖神孵生于蛋的观念。旧时民间过年时还制作生肖团子,每个人按自己的生肖吃相应的团子,一直吃到正月十五。

汉族民间食品有"蛇婆婆",亦叫"蛇盘盘",是山西、陕西一带面食的一种。用发酵的白面盘成蛇状,头部用两粒高粱米当眼睛,嘴里含一枚铜钱。钱为财,蛇为绳,取发财致富之意。

蛇盘盘 面花
吃时要先咬掉蛇头,意为"灭毒头,免灾祸"。

旧时汉族民间有送蛇的信仰风俗,主要流行于青海地区。当地民间家中出现蛇时,最忌打杀,认为若打死,蛇会采取报复行动,于家门不利,故家中发现蛇后,便将其捉入罐中、篮中,挑在长杆上,送到山谷放生,并求其躲入山洞,别再回到人家。

闽南一带气候温和湿润,适宜各类蛇繁衍生息。民间有这样的习俗,认为蛇在野外经常为害人畜,见蛇不打是罪过;然而在家中发现蛇,年老的人只是将其赶出,而不让打死。他们说蛇是祖先派来巡视平安的,进了谁家,就

崇蛇习俗

预示谁家居住平安。要是有人在路边碰见几条蛇绞在一起，往往赶紧揪掉身上的某一颗纽扣丢去，以示忏悔，然后走开，当作没有看见，据说这是蛇交配，观者为大逆不道。

在我国也有许多与蛇有关的民俗。宋代有钉面蛇的节日风俗，流行于今河南开封地区。每年农历正月初一，人们便用面粉做成蛇形，与炒熟的黑豆和煮熟的鸡蛋，在四更时让三个姓氏不同的人掘地埋入，并逐件以铁钉各钉三下，咒曰："蛇行则病行，黑豆生则病行，鸡子生则病行。"咒毕，把蛇全部掩埋在地下。民间以为能镇邪防病，故称钉面蛇。

樟湖祭蛇活动

闽人崇蛇，习俗早已有之，《说文解字》称：闽是"东南越蛇种"。"闽"字乃"门"内从"虫"，暗示有"蛇"之意。

原始的祭蛇活动　每年农历七月初七，我国大部分地方过的是传统"七夕"节，而在福建南平的樟湖，民俗却大有不同，过的是传统的"蛇节"。

这一天，当地人要举行盛大的游蛇神活动，他们将蛇神从"蛇王庙"请出，每人身上缠着或手中握着一条活蛇游行。游行时，幡涌动，鼓乐齐鸣，火铳与鞭炮声震云天。队伍的最前面，是康熙三年剑南道杨兆鲁、副总兵陈维新题写的"仙都龙窟"牌匾。继而是神铳队、清道锣、回避牌，还有倒拖毛竹的拖把，意在扫清道路上的邪物。更为

带枷的"犯人"

赛蛇神
蛇王神像在鞭炮的硝烟中缓慢地穿行，当蛇王经过时村民鸣炮迎接。

罕见的是队伍中还有自认为"犯人"、"带罪之人"的带枷人群，枷上写有"犯人一名，弟子某某某叩上"字样。这些带枷人，多因身体不佳、家庭不顺或有坎坷经历者，而自认为"犯人"，希望以其改过、谢罪的形式来赎回自身及家人的安康吉祥。在带枷人群后，有押送犯人的千兵，有扛着斧头的开枷人。赛蛇神队伍中有号兵、长旗、龙旗、放香炉的珠亭、放蛇王印的彩亭，有蛇神乘坐千龙亭，还有更让人惊奇的是蛇表演队，有男女老少，人手一蛇，或人手几蛇，或几个人扛一条大蛇。蛇的种类各异，大小不一，小则几两几斤，大则几十斤，有的握在手中，有的挟在腋下，有的缠在腰间，有的盘在脖子上，一路走来。在蛇表演队后有镇殿千龙将军、蛇王殿总管爷、师爷、蛇王太子，最后是蛇神连公爷等全套人马，可谓人神共济，人蛇共舞，以此祈求风调雨顺、五谷丰登、合家平安。

樟湖镇是闽江上游的一座千年古镇，当地乡亲以蛇作为崇拜的图腾，他们奉蛇为神，不打蛇，忌食蛇肉，遇到蛇时还主动为其让路。每年七月初七前夕，村民们将捕到的蛇存放在蛇王庙里养着，到初七这一天进行巡游活动。游蛇结束后，大家便将小蛇放归大自然，而把大蟒蛇寄养在九峰山动物园。樟湖祭蛇活动，

起源于当地蛇王庙的迎神赛会,是古代闽越文化的传统习俗。2005年,樟湖崇蛇民俗被列入第一批省级非物质文化遗产名录。

游蛇灯活动 每年元宵节前后的初六至

二十一日,樟湖坂村民举行游蛇灯活动。

所谓游蛇灯,和江南别地广泛流行的游龙灯相仿佛,别地游的是龙,樟湖游的却是蛇,这就成了一种非常特殊的现象。从它的源流来说,游蛇灯当是江南地区的更为久远的一种传统。蛇是这一地区的古老的崇拜,比较起来,龙的崇拜是后起的,所以,游蛇灯是远古时代蛇崇拜的孑遗。

蛇灯的蛇头蛇尾,用竹篾编扎、彩纸裱糊而成,形象古朴、生动夸张。蛇身由灯板间榫头衔接而成,一般每户一节,少则三五十节,多则七八百节,连成一两公里的长长蛇阵,在夜幕下,如天降火龙,时而逶迤前进,时而卷曲打结,时而舒展腾跃,十分壮观。

游蛇灯从傍晚时分开始,直到半夜两三点钟。游行活动结束时,人们将蛇头、蛇尾灯笼送入蛇王庙烧掉,颂祝蛇王升天,祈求蛇神给人们带来"吉祥如意,田园大熟,五谷丰登"的好年景。

崇蛇,曾经是我国极其普遍的古老信仰。在漫长的历史进程中,蛇被人们不断神化和人性化,形成了我国各地丰富多彩的蛇文化。湖南有歌谣称"南蛇脱壳就变龙",一语道出了龙源于蛇的观念。也许,这正是我国崇蛇习俗之所以源远流长的原因吧?!

寿山石人首蛇身俑

福州市博物馆珍藏着一尊"寿山石人首蛇身俑",高4.4厘米,宽4厘米,厚2.5厘米,是宋代时期的作品。它造型别致、雕刻粗犷,石质呈青灰色,头部为人面形,身作蛇体盘绕,体表鳞甲刻饰分明,是福州寿山石俑中常见的一种。

福州地区上古时以蛇为图腾,人面蛇身俑可能与福建简称"闽",以及闽人以蛇为图腾有一定的历史渊源关系,是一件难得的古代造型艺术品,为我们研究闽台两地的崇蛇习俗提供了有力的实证。

俑分为石俑和陶俑,陶俑北方出土较多,石俑为福建仅有。陶俑是取代活人而陪葬的冥器。

从历史文献记载看,中国大陆的福建和宝岛台湾同处东南沿海,亚热带湿润的气候很适宜蛇的生长,这为闽台两地先祖崇蛇提供了前提条件。

秦汉以来伏羲和女娲都被画作人面蛇身或人身蛇尾,象征着蛇繁殖了人类。东汉许慎《说文解字》载"闽,东南越,蛇种"和"蛮,南蛮,蛇种",证明生活在该时代的闽越族曾经以蛇为图腾进行崇拜。散见其他文献记载的还有施鸿保《闽杂记》:"福州农妇多带银簪,长五寸许,作蛇昂首之状,插于髻中间,俗名蛇簪……簪作蛇形,乃不忘其始之义。"该记载内容,也就是福州妇女在20世纪二三十年代还戴在头上的"三条簪"习俗,福州民俗馆内可以看到它的实物,说明闽越人承认蛇是自己的祖宗。

顾炎武的《天下郡国利病书》称:"自古以南蛮为蛇种,观其蜑家,神宫蛇像可见。"他们以蛇为图腾,向蛇求吉凶,蛇在则吉,蛇走则凶。清代郁永河《河上纪略》说:"凡(闽)海舶中,必有一蛇,名曰木龙,自船成日即有之,平时曾不可见,亦不知所处,若见木龙去,则船必败。"这些文献资料说明,闽人的崇蛇习俗自古有之,且经过漫长的历史得以延续。(陈萍)

蛇的吉祥象征

孙杰妤

俗中蛇又被称为小龙，是十二属相之一，被当作神圣不可侵犯的神灵，亦是图腾之一。据《列子》记载："疱牺氏、女蜗氏、神龙（农）氏、夏后氏，蛇身人面，牛首虎鼻。"《山海经》里也有"共工氏蛇身朱发"之说。

山东潍坊地区蛇习俗

蛇无足但善钻洞和蜿蜒横行，是很有灵性与变化的动物。在十二生肖中，蛇是唯一的冷血动物，所以人们认为生肖属蛇的人都有冷静的一面，不善与人争吵。山东民间也有"蛇脱皮"的说法，认为人看见蛇脱皮，是不吉利的征兆。民谚说"见到蛇蜕皮，不死脱层皮"，尤其是在春季更为大忌。若家中发现蛇，最忌杀死，认为若杀死蛇，蛇就会采取报复行动，于家门不利。所以在家中发现蛇，就将其捉入

蛇 剪纸 山东潍坊

蛇在人类社会生活中是一个特别的角色，通常与蛇有关的词汇贬义的居多，如蛇入鼠出、蛇行鼠步、蛇心佛口、蛇雀之报、蛇蝎之心等，可见蛇在人们心中有着极为负面的印象。但是，事物总是具有两面性，在民间，蛇又是很有诱惑力的动物。在《韩非子·五蠹篇》中就有所记述，认为"上古之世，人民少而禽兽众，人民不胜禽兽虫蛇"。在民间习

事事如意 剪纸 山东潍坊

蛇的吉祥象征

蛇盘兔 剪纸 山东潍坊

黑蛇 剪纸 山东潍坊

罐中或挑在长杆上送至门外，烧红纸送其远行！人们认为蛇是祖先派来巡视平安的，进了谁家，就预示谁家居住平安，也就是民间俗称的"宅神"。另外，蛇还是富足的象征，在山东潍坊一带农村人家把蛇盘踞在仓囤中视为吉祥富裕的征兆，认为此户人家今年必定会年景很好，丰衣足食，生活美满。每年农历三月五日为惊蛰节，民谚云："惊蛰有雷鸣，虫蛇多成群。"民谚又云"蛇盘兔，一定富"，这是因为，"在北方农村秋收时节常常可以在田地里看到蛇盘着兔，而且越是

蛇　剪纸　山东潍坊

蛇盘兔　剪纸　山东潍坊

潍坊地区蛇形象的塑造

　　山东潍坊有着悠久的历史、丰厚的文化底蕴和优良的文化传统，工商业的繁荣，促进了包括民间美术在内的各种手工艺的繁荣与发展，使其成为北方民间美术的重镇。中国民间美术的最大特点之一，就是在题材选取与内容表现上与人们的宗教信仰、民情习俗有着密切的联系。而蛇在民间美术的题材上有正邪两方面的寓意，以其独特的人文特征在民间美术中独树一帜，贯穿各个领域。

　　风筝是潍坊地区最具特色的民间美术门类，具有悠久的历史、丰富的种类与样式。潍坊风筝的造型采取扎制与彩绘相结合的手法，其中蛇形象的风筝多采用彩绘的形式，在已扎制裱糊好的风筝上绘画出不同的蛇造型，如在蝶形的风筝身上画上各种蛇的形象，并与其他

山东潍坊杨家埠

杨家埠木版年画

丰收之年，这种现象就越多，这是丰收之年的征兆，所以有'蛇盘兔，家家富'的民谣，以示丰收富裕。另外，生肖中以为蛇机智灵活，善于敛财，兔柔顺温和，善于守财，两者是最吉利的婚配属相，因此也有'蛇盘兔，必定富'的民谣，表达婚姻幸福美满"。人们沿用这一对吉祥物来迎神接福，其中寄寓的是人们所祈求神灵保佑，期盼来年五谷丰登、人畜兴旺、家庭和美的美好愿望。由于这些民谚民俗代代相传，蛇形象也随之深入民心，成为民间社会生活中不可或缺的动物。

蛇形风筝　彩扎　山东潍坊

动物或植物组合成图案，样式非常优美；有的直接扎制而成，一般用竹条或其他植物材料扎成龙骨，然后按照所需，用绸帛等织物裁剪缝制成蛇的形象并在其上彩绘蛇的斑纹图案，短的仅米数，长的则超过数十米。每当春天放飞时节，蛇形象的风筝在空中昂首蜿蜒，迎风飘扬，可谓金蛇狂舞，景象十分壮观，具有浓郁的地方色彩。

剪纸是一种古老的艺术形式，它成本低，操作简单，简便易学，在民间非常普及。民间美术的蛇剪纸形象作为中国本源哲学的体现，含蕴着民族文化的深层心理。蛇以神兽与神秘著称，因为蛇身体柔软、细长，造型可方可圆，因此这一题材表现的内容和样式之丰富，可谓是层出不穷。在剪纸中常将蛇与"福"、"禄"、"寿"等字样完美地组合在一起，形成新的图式。蛇的形象以构思精巧见长，构图或简或繁，但简而不空，繁而不塞，千变万化，其手法多夸张变形但又不失其真，深受群众喜爱，因此也在潍坊民间剪纸中占有重要位置。

"面花"是一种面食艺术，也是中华民族优秀文化传统中的一种"饮食文化"。人们用白面粉制作成各种不同花样的花草动物，好吃好看又好玩，成为母亲对幼儿进行启蒙教育的最好教材和道具。蛇形象与十二生肖中的其他动物组合搭配，构成一组既统一又富变化的面塑组群。在形象塑造上，多以简练概括的手法，将蛇大头细身憨态可掬的姿态表现得淋漓尽致，并且在蛇头点缀以鲜艳的颜色，以豆类装饰眼睛，令人忍俊不禁，爱不释手。

蛇的形象寄寓了人民群众对美好生活的向往，对平安祥和社会的企求与良好愿望，蕴含并反映出丰富的民俗文化和思想内涵，而民间美术中的蛇形象在几千年的历史发展中显示了强大的艺术生命力，是我国民族民间艺术中重要的组成部分。

蛇的吉祥象征

蛇玩具

蛇生肖挂饰　刺绣　山东潍坊

岁在龙蛇　人生多蹇

吴裕成

红釉龙蛇　现代

湖北农谚"蛇年不收花，龙年光塌塌"，讲龙年蛇年收成薄，并有"丙好吃，丁难过，龙蛇无粮要挨饿"的谚语。龙蛇年并举，往往指欠佳的年景。宋代诗人苏舜钦有一首《吴越大旱》诗，就有"吴越龙蛇年，大旱千里赤"的句子。

"龙蛇年"，可以实指逢辰逢巳之年，称年份以外，兼含凶岁的意思，则源于汉代故事。

东汉时通儒郑玄，弟子数千千，他对前代典籍的注释，作为一种很有文化价值的解读，流传下来。关于郑玄的辞世，留下"岁在龙蛇"的典故。《后汉书·郑玄传》："五年春，梦孔子告之曰：'起，起，今年岁在辰，来年岁在巳。'既寤，以谶合之，知命当终，有顷寝疾。其年六月卒，年七十四。"这段文字，唐李贤注：

北齐刘昼《高才不遇传》论玄曰"辰为龙，巳为蛇，岁至龙蛇。贤人嗟，玄以谶合之"，盖谓此也。

清代《陔余丛考》为十二生肖考源，提到"岁在龙蛇"这条材料。赵翼所引的，是晋代王子年《拾遗记》：

郑康成梦孔子告之曰："起，起，今年岁在辰，明年岁在巳。"既悟，以谶合之，知命当终，曰："岁在龙，贤人嗟。"

"岁在龙蛇"，人生多蹇，这传为典故。宋代苏轼《再过超然台赠太守霍翔》："昔饮

黑陶生肖蛇　现代

雺泉别常山，天寒岁在龙蛇间。"注："公辰年冬末，罢知密州，正在辰巳之间。"南宋陆游《人日雪》："非贤那畏蛇年至，多难却愁人日阴。"上一句用"岁在龙蛇，贤人嗟"之典，意思是自己并非贤人，所以逢蛇年不必有"贤人嗟"的忧郁；下一句，古时有岁首八日占，正月一日为鸡日，占鸡，二日占狗，七日为人日，占人——按东方朔《占书》，"晴明温和，为蕃息泰之候，阴寒惨烈，为疾病衰耗"，正是陆游"却愁人日阴"的取意。清代蒋士铨《桂林霜·归骸》："念爷娘妻子敢丢开，恰遇着岁在龙蛇劫遇该。"都在用龙蛇年的典故。

岁在龙蛇 人生多蹇

龙蛇年生肖纪念币

1988年戊辰龙年生肖金币

1988年戊辰龙年生肖金币

1989年己巳蛇年生肖金币

2001年辛巳蛇年生肖彩色金币

2001年辛巳蛇年生肖金币

2001年辛巳蛇年生肖金、银币

风调雨顺

晓梧

佛寺内有天王殿，天王殿内供奉四大天王。四大天王各司其职，又称"风调雨顺"，有预祝五谷丰登，国泰民安之意。南方增长天王，执剑，主风；东方持国天王，抱琵琶，主调；北方多闻天王持伞，主雨；西方广目天王，握蛇，主顺。"

四大天王

四大天王神话起源于古印度，后来被佛教采纳。传说须弥山之半腰有四大天王，各护一方：南方增长天王服青衣执宝剑，东方持国天王服白衣抱琵琶，北方多闻天王服绿衣持宝叉，西方广目天王服红色握绢索。佛教进入中国以后，逐渐与中国文化互相渗透，互相融合。中国古代传说，"武王伐纣，五方神来受事，各以其职命焉。既而克殷，风调雨顺"（《唐书·礼仪志》）。

四大天王是佛教的护法天神，俗称"四大金刚"。四大天王，又称护世四天王，是佛教二十诸天中的四位天神，位于第一重天，第一重天又叫四天王天，通常分列在净土佛寺的第一重殿的两侧，天王殿因此得名。相传四大天王住在须弥山山腰上的四座山峰上。四大天王分别是：

持国天王多罗吒，梵名"提多罗吒"，持琵琶，佛教所说护世四天王之一，主守东方。

增长天王毗琉璃，梵名"毗流驮迦"，持宝剑，佛教护世四天王之一，主守南方。

广目天王留博叉，梵名"毗留博叉"，持蛇（赤龙），佛教所说护世四天王之一，主守西方。

多闻天王毗沙门，梵名"毗沙门"，持宝

玉雕四大天王像 元代

四大天王像

伞,佛教所说护世四天王之一,主守北方。

四大天王也被称为"风调雨顺"。中国佛教徒认为南方增长天王持剑,司风;东方持国天王拿琵琶,司调;北方多闻天王执伞,司雨;西方广目天王持蛇,司顺。组合起来便成了"风调雨顺"。

四大天王在中国寺庙里,不但形象被彻底汉化,皆为中国古代武将打扮,而且将四神赋予中国式寓意。

在《封神演义》中,姜子牙奉太上元始之命,敕封魔四兄弟道:"今特敕封尔为四大天王之职,辅弼西方教典,立地水火风之相,护国安民,掌风调雨顺之权,永修厥职,毋忝新纶。"可能受此"敕封",古印度的佛教护法神,便形成中国的"四大金刚"护法神,成为"风调雨顺"的化身了。

蛇 主 顺

西方广目天王,名叫毗留博叉,身白色,穿甲胄,住须弥山白云埵,率领诸龙族及富单那(臭饿鬼)等守护西方瞿耶尼洲。"广目"的意思是能用净天眼随时观察世界,护持众生。

手缠一蛇(或龙),又称赤索,是对不信佛教者,以索捉来使其皈依佛门。

至于"西方广目天王握蛇主顺"的说法,是有根据的。清代翟灏编撰的《风俗编》上说:四大天王"执蛇者主顺"。不过,这是一种大众化的说法。如果探究握蛇与主顺的关系,就不能至此为止。明代杨升庵的《艺林伐山》上说:西方广目天王"所执非蛇,乃蜃也"。非蛇乃蜃,这是怎么一回事?《礼记·月令》说:

生肖蛇 陶瓷

广目天王立像　明代

执宝伞者，雨也；执蛇者，顺也。四者，合起来即"风调雨顺"，又暗示"五谷丰登"、"天下太平"。

中国自古以来以农立国，不可测的天灾神变，最能影响农耕生活，因此人人祈求上天保佑，年年能"风调雨顺"，祈拜象征风调雨顺的神祇，所以，古印度的四大佛教护法神在进入中国以后，自然也就被赋予新的意义而成为人们普遍的信仰之神。

在我国台湾的佛寺，也多供奉有四大天王，甚至有些庙宇把它们当作门神。这种赋予了中国老百姓十分美好的理想寄托，又把他们当作象征"风调雨顺"的神祇供奉的行为，充分表现了古代中华民族的一种传统心理。

台南市开元寺，前殿奉祀大肚弥勒佛，两旁列有四大天王，各高丈余。四大天王全身塑像，各个容貌庄严、神态逼真、雕工精细，是艺术上品。

"九月，雀入大水为蛤。十月，雉入大水为蜃。"明代李时珍《本草纲目》鳞部第四十三卷："蛟之尾有蜃，其状似蛇而大，有角如龙状，红鬣，腰以下鳞尽逆，食燕子，能呼气成楼台城廓之状，将雨即见，名蜃楼，亦曰海市。"下面，李时珍还引陆佃云："蛇交龟则生龟，交雉则生蜃。"类书云："蛇与雉交而生子曰蟂，似蛇四足，能害人。陆襌云蟂即蛟也，或曰蜃也。"总之，蜃是中国古代传说中的一种动物。蜃与"顺"发音相近。因此，说西方广目天王握蜃主顺，是有道理的。

风调雨顺

四大天王的塑像，分别持着宝剑、琵琶、宝伞、索蛇。执剑者，风也；执琵琶者，调也；

风调雨顺钟　清雍正

蛇年话蛇

蛇年话蛇

刘孝存

蛇　石雕　北京白云观

在十二属相中巳蛇排列第六位。

所辖时辰：早9时至午11时。

属蛇人的出生年及年龄（到2013年）：

农历：丁巳；阳历：1917年；96岁

农历：己巳；阳历：1929年；84岁

农历：辛巳；阳历：1941年；72岁

农历：癸巳；阳历：1953年；60岁

农历：乙巳；阳历：1965年；48岁

农历：丁巳；阳历：1977年；36岁

农历：己巳；阳历：1989年；24岁

农历：辛巳；阳历：2001年；12岁

人们以同样的理由来评说属蛇人的性格。有人认为：

属蛇人是十二属相中不可思议的人物，具有天生的、特有的智慧。文雅、斯文的属蛇人很爱读书，爱听名曲，爱吃美味食品，并且爱看戏剧。他受生活中美好的东西吸引。最美的女子和个性最强的男子多出生在蛇年。

属蛇人一般依靠自己的判断行事，与其他人不能很好地交流。他或许有很高的宗教造诣，或者他是个彻底的享乐主义，不管怎样，他宁愿相信自己的臆想，也不愿接受别人的劝告。

像龙一样，他的一生或以凯旋结束，或以悲剧告终。这由他的行动主宰。在他那老练的外表后面，隐藏着很重的疑心，尽管他否认这一点。其他属相的人也许愿意把欠款拖到下辈子还，但属蛇人似乎注定要在离开人世之前把账付清。也许是他情愿这样，因为蛇年出生的人热情而认真，在他做的一切事情中，他都有意无意地试图清账。

属蛇人不可能因缺钱而烦恼。他很幸运拥有他所需要的一切。如果缺钱，他会很快改变这种局面。然而，属蛇人不应赌博，这样他会变得一无所有。如果蒙受了很大损失，他不会再蒙受第二次打击，他会很快醒悟过来，迅速得以恢复。一般来说，他在生意上是谨慎而机警的。

从本性上讲，属蛇人疑心大，但他与属虎人不同，他把疑心隐藏在心中，把自己的秘密也隐藏在心中。

由于谈吐斯文，举止文雅，属蛇人不愿意沉迷于毫无用处的谈话或小事之中。他对金钱十分慷慨，但当他想要达到一个重要目标时，无情无义也是闻名的。他可能铲除挡路的任何人而问心无愧。

有些属蛇人讲话也许是缓慢或是懒洋洋的，但这绝反映不出他演绎思维或行动的速度。他们喜欢思考，喜欢盘算并能系统地、恰当地阐述自己的观点。总的来说，他们讲话很小心。

预言属蛇人会变成什么样子或他会发展到什么程度都是靠不住的，他那计算机式的头脑从未停止策划，并且经久不衰。记住，他是十二属相中最顽强的属相。

在与其他人的关系中，他表现出极强的占有欲，而且对别人的要求很高。他对朋友持有某种程度上的不信任。他绝不会原谅毁约的人。在他感到恐惧和怀疑的事情上，容易神经过敏，甚至变成妄想狂。当他被激怒时，他会恨得咬牙切齿，但他的敌对行为是悄然的，并积怨很深。他喜欢用冰冷的敌对情绪表达他的不满，而不是用辛辣的语言来表示。

属蛇的女士那冷静、安详和无与伦比的美貌会把人迷住。她有信心并且泰然自若。虽然她时常懒洋洋地到处闲逛，给人以懒惰、贪图安逸的印象，但她绝非如此，她的脑子从来都是很忙的。

一般来说，属蛇人具有幽默感，但也有例外。有些人冷冰冰的，有些人常常嘲笑、讥讽别人，而有的人则是和蔼可亲的。观察这一切的最好时机是当他或她处于被迫的情况下。在危急时，属蛇人能用开玩笑的方式来活跃气氛，甚至当他身负巨大压力时也能面无惧色。

还是让我们来看"蛇文化"吧！

对于大多数人来说，蛇是可怕的动物。这不仅由于它形体畏人，而且有的蛇还长着毒牙，毒牙中的毒液可以顷刻之间使人丧命。因此人们以"心比蛇蝎还要狠毒"来形容狠心人、恶人。因此，人们也常说"一次遭蛇咬，十年怕草绳。"让蛇咬了一回，十年之中连见了形状上像蛇的绳子都怕起来，可知胆战心惊之状。

还有一个著名的典故叫做"杯弓蛇影"，载于《晋书·乐广传》。有一天，乐广请客饮酒。觥筹交错，酒过三巡，饮者大多有些醉眼蒙眬。有位客人又端起酒杯，正要喝时，恍惚看见杯中有一条小蛇，但他还是喝了下去。回到家中，此客想起杯中晃动的小蛇，便以为自

杯弓蛇影 清末 周慕桥绘

已将蛇喝了下去，顿时，他感觉腹中有什么东西在动。因此他得了病，吃什么药都不管用。这件事被乐广知道了。乐广心中纳闷：酒杯里怎么会有蛇呢？为了解开这个谜，乐广就坐在客人那天坐的地方，端杯饮酒。忽然，他发现杯中果然有小蛇的影子。抬头一看，他恍然而笑。原来是挂在房中的一张弓将影子投入在杯子当中，像是一条小蛇。于是，乐广将此事告诉给那客人，并把他请来，观看那"杯弓蛇影"。客人见后，也笑起来。从此以后，客人的病就好了。这个故事，虽然被后人比喻为疑神疑鬼、自相惊扰，但却也真实地反映了人们畏蛇的心理。

另有一个寓言故事为《悯蛇的农人》，说是一个寒冷的冬天，一个农夫在田野里发现了一条冻僵的蛇，农夫对蛇产生了怜悯之心，便将蛇拾起来。蛇醒来做的第一件事便是咬了农夫一口。结果，农夫中了蛇毒而死。这个故事告诫人们，不要怜悯毒蛇，也就是不要怜悯像毒蛇那样的坏人。

汉语的词语、格言中，有一些是与蛇有关的。例如：

画蛇添足。讲的是一个寓言故事。有一个楚国人，拿出一瓶酒来给大家喝。有人觉得一瓶酒大家喝不过瘾，不如一人喝，便提议大家在地上画蛇，谁先画好谁先喝。这一提议被大家认可了。一个人首先画好蛇，便拿过酒，刚要喝，见其他人还没画好，便说："我再给蛇画上几只脚。"他还在画脚，另一个人已画好蛇，便从他手中将酒夺过去，说："蛇本来没有脚，你怎么能去画脚呢？"说完便将酒饮下去。这个寓言故事表明，多此一举，不但无益，反而会坏事。别以为画蛇添足的人可笑、无知，其实我们许多人常做类似画蛇添足的事情。

亦龙亦蛇。比喻人的行动进止，或如龙的出现，或如蛇的蛰伏，随时变化。是褒还是贬？据说如此行动进止的是成就大业的人。不过如此之人，也够可怕的。在民间百姓中，则更欢迎那些实实在在、行止如一的人。

牛鬼蛇神。此语在"文革"时期倒是常用。原意为长着牛头的鬼、生着蛇身子的神，泛指妖魔鬼怪。运用到现实生活中，当然是指人了。但又不知何时神鬼合一了，怎么"蛇神"又成了鬼怪之列了？大约鬼便是神，神便是鬼罢。民间不是有"装神弄鬼"之语吗？

佛口蛇心。比喻嘴上说得好听，心却极为恶毒。

打草惊蛇。比喻做事不严密，使敌对方面有所警惕和防备。

虎头蛇尾。虎脑袋大，蛇尾巴小。两者放在一起，不匀称，比喻做事有头无尾，不能善始善终。

人心不足蛇吞象。说人的贪欲之心不容易满足，就好像小小的蛇要吞吃大象一般。比喻贪得无厌，不自量力。

关于蛇的歇后语有：

蛇入窄洞——退路难。

蛇吃老鼠——囫囵吞。

蛇吃黄鳝——比长短。

蛇和蝎子交朋友——毒上加毒。

画蛇添足

蛇年话蛇

牛鬼蛇神

"牛鬼蛇神"一词，最早见于唐代诗人杜牧的《李贺诗序》："牛鬼蛇神，不足为其虚幻荒诞也。"李贺也是唐代著名诗人，才华横溢，他的诗别具一格，常写神仙鬼怪，号称鬼才。杜牧给李贺的诗集作序，为了形象地说明李贺诗的这一特色，便用"牛鬼蛇神"作比较，指出即使是长着牛头的鬼和有着蛇身的神，也比不上李贺描绘的虚幻荒诞境界。在我国古代，牛和蛇在人们心中一向地位是很高的。牛象征着勤劳坚韧的精神，蛇则是华夏民族早期崇拜的图腾标志，后来则号之为"小龙"或"地龙"。牛头之鬼和蛇身之神，都是正面形象，人们是把它们当作偶像加以顶礼膜拜的。正因为如此，我国古代传说中的不少部族领袖和英雄人物，如伏羲、女娲、大禹等，都被人们描述成牛首人身或人首蛇身的形象加以颂扬。唐代大文学家韩愈说"昔之圣者，其首有若牛者，其形有若蛇者"，指的就是这种情形。由此看来，在我国古代，坏人还没有资格被称作"牛鬼蛇神"。（陈慰）

蛇让蝎子给蜇了——一个更比一个毒。

蛇吞鼠，鹰叼蛇——一物降一物。

汉语词汇中，"蛇行"为全身伏在地上，爬着前进。"蛇麻"为酒花。"蛇蝎"喻狠毒的人。

中国历史上，有刘邦斩白蛇起义的故事。秦末，陈胜、吴广揭竿而起，曾任泗水亭长的刘邦起兵于沛（今属江苏）。秦亡后，刘邦与项羽争天下。项羽失败，刘邦建立汉王朝。刘邦起事，为形势所迫。当时他以亭长身份押送劳工到郦山，途中许多劳工逃亡和死去。秦法规定，如有劳工逃亡，押送者和剩余的劳工都要被处死。刘邦知道到了郦山也是死路一条，便对劳工们说："你们都走，让我一人去死吧。"大多数劳工逃散了，但有十几个人愿意跟随刘邦。逃亡途中，有一条大蛇挡在路上，大家都不敢过。刘邦拔剑上前，将大蛇斩为两段。刘邦斩蛇起义的事情，被后人演绎成很神奇的故事。《史记》上称，刘邦斩蛇后率他人离去，有人来到蛇的所在地，见一老太婆在那里哭。问她哭什么，她说："我的儿子被人杀了，所以哭。"问人又说："你的儿子为什么被人杀呢？"老太婆说："我的儿子是白帝之子，变化为蛇挡在路上，结果被赤帝的儿子杀死了。"这当然也是一种演绎。江苏北部地处黄淮，正

芒砀山汉高祖斩蛇碑

汉高祖斩蛇像

属蛇类很多的地方。刘邦反秦起义，开始时力量单薄，只能隐藏在山中、树林里，遇见蛇，不足为怪，但由此人们便把他归于"真龙天子"出世。五行相生相克，成者为"龙"，败者为"蛇"。按照五行观念，秦为西方白金德，汉为南方赤火德，火克金，所以刘邦得以亡秦而建立汉。这白蛇，是代表秦的，即"白帝子"，刘邦则为"赤帝子"。赤帝子斩白帝子，预示汉兴秦亡。这自然是古人的一种迷信说法，或者是利用人们的迷信而进行宣传鼓动，制造舆论。

还有将刘邦斩白蛇起义的故事演绎得更神奇的，说刘邦当时要斩白蛇，白蛇说："你如果斩我的头部，我将让你前边乱；你若斩我的尾部，我就让你后边乱。"刘邦听罢，既不斩其头，也不斩其尾，而是拦腰斩断。结果，汉王朝在中期发生了王莽篡位。有人以"莽"为"蟒"，蟒即蟒蛇，也就是汉高祖刘邦所斩的白蛇。汉朝立国时间为公元前206年至公元220年，王莽篡位为公元9年至23年，恰恰是汉朝（西汉、东汉）的中期，恰恰应了白蛇"斩哪乱哪"之说。这好像是很神奇，但我们以为这个故事是汉以后的人所编造的，因为蛇是不会说话的。

别以为蛇在中国的神话故事中总演凶恶的角色。还有一个家喻户晓的故事——《白蛇传》，充满了人情味。《白蛇传》中有两条蛇——白蛇和青蛇。它们不仅不伤害人，反而化作娇美的女子。其中的白蛇——白娘子（白素贞）和杭州一家药店的主管许宣（许仙）结情于西子湖畔，又结为夫妻。为了爱情，为了救许仙的性命，白娘子冒着生命危险赴南极

清咸丰广彩开光《白蛇传》故事描金折沿卧足盘

仙翁处盗仙草，又怒斗多管闲事的和尚法海，率领水族围漫金山寺。后来，白娘子虽然被压在雷峰塔下，但多事的法海也不得不藏身于蟹腹之中。这一白娘子和许仙的故事，被记入《西湖佳话》，又经渲染、变化，收入三言二拍之中的《警世通言》，后还被多次搬到戏剧舞台上。《白蛇传》，实际上寄托了人们对忠贞爱情及美好生活的歌颂和向往。白娘子已由蛇的化身，变为大胆追求爱情、为爱情可以舍生忘死的青年女子的化身；而法海，则是封建卫道士和扼杀人间美好爱情的"刽子手"的化身。

在蒲松龄所作的短篇小说集《聊斋志异》中，有许多关于蛇的故事。其中有一则《蛇人》，叙述一以弄蛇为业的人，驯养着两条蛇，一为"二青"，一为"小青"。几年以后，二青越长越大，弄蛇人便将二青放之山野。又过了几年，弄蛇人又从山中经过，忽遇一条巨蛇冲出，吓得弄蛇人调头就跑。巨蛇追了上来。生死关头，弄蛇人猛地认出此蛇就是原先的二青，忙叫："二青！二青！"蛇立即不再追人，昂起头来看了好久，又纵身到弄蛇人身旁，像从前一样表示亲热。后来，弄蛇人将小青放出来，让二青将它领走。临行，弄蛇人告诫它们不要伤人。从此山中没了二青（连同小青）

邮票小全张《白蛇传》　朝鲜　2001年1月发行

邮票小版张《白蛇传》　加纳　2001年1月发行

的踪影。写到这里，作者慨叹蛇尚且能够恋记故人，有些人却连蛇都不如，为了个人利益，对自己的亲友故交投井下石，丝毫也不讲情义。如果有人得罪了他或者结了仇，那么这些人比蛇还狠毒！蒲松龄表面写动物，实际上在写人，写人情世故，写人间情态。

古代传说中，还有一个很有意思的"人蛇比高"的故事。说是有位名叫邓甲的人，设坛与蛇王比艺。这蛇王，粗如人腿，有一丈多长，且色彩斑斓，非比寻常。它来与邓甲比艺，前后左右跟随着上万条小蛇。蛇王登坛以后，昂

皮影《白蛇传》中的白蛇与青蛇

十二月纪事之建巳四月　年画屏条　套印笔绘　清末　天津杨柳青

首挺立，想超过站立着的邓甲。邓甲就用竹杖顶起帽子来往空中举。蛇王认为空中的帽子便是邓甲的头，拼命向上挺立，但是最终也没有超过杖头的帽子。蛇王筋疲力尽，坠地化为一滩水而死，其余的小蛇也随着死去。如果蛇王超过那帽子，邓甲则会化水而亡。说好听的，叫做人用智慧战胜了蛇；说不好听的，叫做人用狡诈取胜。既然是人蛇比高，帽子是不能代替人的。以竹杖挑帽子，实是一种骗局。当然，这也是人之所以为人之处。正因为有智慧，人才能成为"万物之主"。不过这个故事中的蛇王，倒是很实在、很讲信用的。

据说琼州（海南）有一种蛇名叫"量人蛇"，长六七尺，遇见人时就会竖起来，量人长短，比试高低，并叫着"我高"！人如果不答应或者承认蛇高，量人蛇便会扑过去将人咬死吃掉。反之，如果人回答："我高！"蛇便会自己坠地而死。这当然是传说故事，海南不会有，其他地方也不会有这种量人比高的蛇。

不知道人为什么会编出这种莫名其妙的故事。大约也是寓言，以劝诫什么吧。人，应该是顶天立地的，决不能在任何神妖龙虫面前低头、认输。这当然说的是一种精神。否则，大可不必去说什么"我高"，"我高""你高"又有什么用呢？

民间传说和神话故事中，许多灵丹妙药、奇花异草都有守护神（兽）。这些守护神（兽）非虎即蛇，或者蛇虎俱有。以猛毒之物守护珍奇，其实不是神也不是人的安排。因为奇花异草（人参、灵芝等）大多生长在深山野林中，难以寻觅；而深山野林中，又是毒蛇、猛兽出没之地。不是有福之人就能拿到，而是"不入虎穴，焉得虎子"。以猛虎毒蛇为灵丹妙药、奇花异草的守护神，是让人们不易得到，使珍奇不易遭到破坏。世上极容易得到的东西，无论它多么重要，都不会被人们视为珍奇。以"邪恶"保护珍奇，也是对人的极大讽刺。

蛇在中国文化中，也占有重要地位。

蛇，不是独体字，它是由"虫"和"它"组成。古以巴为蛇，巴蜀，大约是以蛇多而著称的。四川气候温暖又潮湿，大概是蛇类生活的好地方，因此得名巴蜀。巴的象形字为蛇形。

在地支与十二属相的配合中，辰为龙，即大龙；巳为蛇，即小龙。据学者研究，蛇被称为小龙，与以蛇为图腾的女娲氏族部落同以龙

黄帝像

炎帝像

为图腾的伏羲氏族部落相互通婚有关。由于长期通婚，蛇图腾氏族逐渐与龙图腾氏族融合，化为一个"龙族"大部族。在这个龙的大部族中，龙为"大龙"，蛇为"小龙"。在这个过程中，人们是在有意与无意间缩小龙与蛇的距离。建立龙蛇合一的观念，有利于部族团结、部族融合，有利于龙族的繁荣、昌盛，从而战胜其他强敌。当蛇部族真正认同为龙以后，或者说当黄帝以龙为旗帜统领中原部族以后，蛇才被逐渐地排挤在龙之外，才出现了"龙蛇混杂"、"牛鬼蛇神"一类的词语。我所说的是黄帝以后，并不包括黄帝。黄帝战胜蚩尤以后，不会贬斥蛇，因为蛇图腾的部族人数众多。黄帝也不是龙图腾的部族，但是他以大政治家的气度，将中原各部族集合在龙的旗帜下，也许就是他，加速了龙蛇合一，建立了大龙、小龙的观念。

论及蛇图腾部族或氏族，追探其源，可能会追溯到女娲大神身上。在神话传说中，造人补天的女娲，为人首蛇身，她很可能就是母系氏族社会中蛇图腾氏族的首

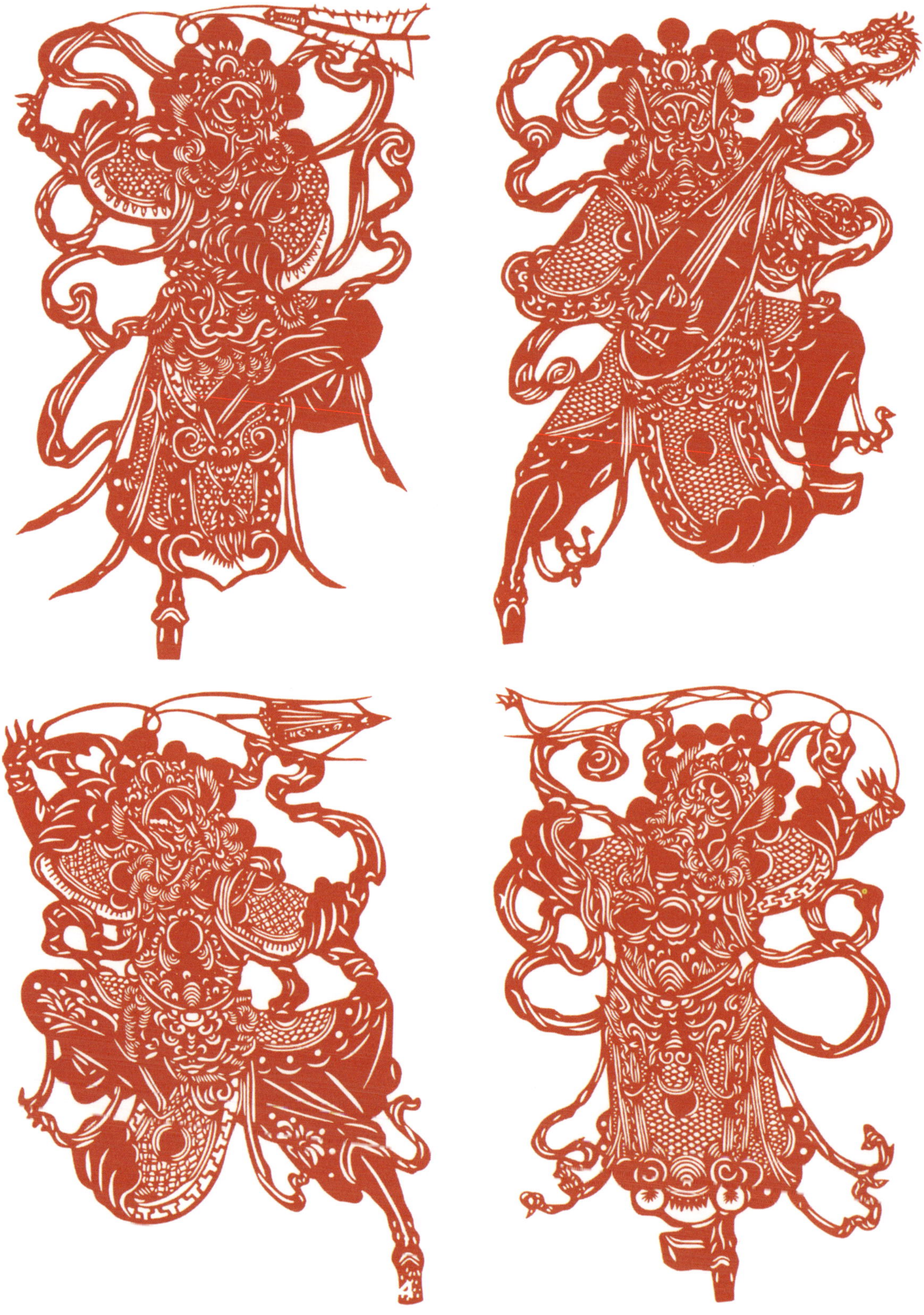

四大天王　民间剪纸

领或老祖宗。

此外，中国神话中的北方大神"玄武"，为龟蛇合体之形。它与青龙、朱雀、白虎，同时被道教引为护法神。后来，玄武又被奉为"玄武大帝"。宋代因避皇室之祖赵玄明之讳，改"玄武"为"真武"，"玄武大帝"便成为"真武大帝"。由此可看出，蛇在中国文化及道教文化中的地位。但也可看出，无论神、佛、仙、道，无论神通多么广大，他们都比不上人间的皇帝（实际上，从某种角度而言，他们常常为皇权所用，又常常为皇权服务）。例如这姓名避讳，玄武要改真武，即使观世音菩萨，也要去"世"改为观音菩萨（唐代避唐太宗李世民之讳）。皇权大，不是一看便可知道吗？所以，就其实质而言，神从来都不是至高无上的。

当"龙"真正确立了统治地位以后，蛇的名声、名誉才江河日下。不知从何年何月始，汉语词汇中出现了"美女蛇"，民间传说中出现了"美女蛇"的故事。大约不是始于《白蛇传》吧？因为"美女蛇"，实际上是外表貌美、心如蛇蝎的妇人的代名词。美妇虽然迷人，但蛇是有毒的，能够害人、噬人。

我国古代向来有女人误国、亡国之论，以为商亡于妲己，周毁于褒姒，又有"英雄难过美人关"之说，言董卓之败在于貂蝉，李唐之乱起于杨贵妃，吴三桂之叛缘由陈圆圆。于是称女人为"美女蛇"、"狐狸精"云云，将古往今来的帝王将相们的骄奢淫逸、昏庸残暴一笔掩盖。结果，女人成了替罪羊，蛇、狐成了陪罪客。

中国土生土长的道教有四大护法神，外来的佛教也有相应的四大护法天将，即四大金刚：着青衣，穿甲胄，手持宝剑的南方增长天王毗琉璃；着红衣，穿甲胄，手持灵蛇（有的执龙）的西方广目天王毗留博叉；着白衣，穿甲胄，手持琵琶的东方持国天王提多吒；着绿

真武大帝塑像

衣，穿甲胄，右手持宝伞（或宝幡），左手握银鼠的北方多闻天王毗沙门。这四大金刚，也称四大天王，执宝剑者为"风"，执琵琶者为"调"，执伞者为"雨"，执灵蛇者为"顺"，合起来为"风调雨顺"。这个"风调雨顺"，大约是将舶来品"国产化"的命定。不过在此处，我们则格外注目这"顺"，这灵蛇。

蛇与"顺"相应，不明究里，便会莫名其妙。实际上，古代的占星家们，赋蛇以灵性，因此称之为"灵蛇"。灵则顺，是符合自然规律的。

以上我们所说的，大多是"神蛇"、"妖蛇"、"人造蛇"，下边让我们看看大自然中的蛇。

蛇，为爬行动物，无附肢（少数种类具有后肢遗迹），与蜥蜴近缘，很可能是由蜥蜴演化而来的。蛇的种类很多，因此形体身长短不一，体长从约12厘米到将近10米不等。其最小的种类为中东线蛇，其最大的种类为亚洲的网状花纹巨蛇和南美的巨水蚺。蛇遍布全球，以热带地区的种类为多，少数种类见于较寒冷的地区。蛇的食物为哺乳动物及鸟、蛙等，也吃蚯蚓、昆虫、鱼、鸟卵，甚至也吃同类。因其牙齿不适于咀嚼，因此它多为将活猎物吞下去，以消化液杀死。有的蛇唾液变成毒腺，毒液从空的或具有槽的毒牙排出。蛇类为卵生或卵胎生。我国境内常见的蛇类有：

巨水蚺　　　　　　网状花纹巨蛇

盲蛇。形如蚯蚓，尾极短，无毒，长17.5厘米，为我国蛇类中最小的一种。生于土中或花盆下，以昆虫为食。

蟒蛇。也称"蚺蛇"、"黑尾蛇"。无毒，长达6米，为我国蛇类中最大的一种。生活在森林中，以鸟类、鼠类、两栖类、爬行类动物为食，也能绞死和吞食较大的哺乳动物。

水赤链。也叫"游蛇"。无毒，长约85厘米。多生于山野、水田及沼泽中，常以黄鳝、泥鳅等为食。

虎斑游蛇。也称"竹竿青蛇"、"红脖游蛇"。无毒，长80厘米。生活于草原、山野、水边、水田、湿地，以蛙、鸟、小兽为食。

赤链蛇。也叫"火赤链蛇"。无毒，长1米左右。生活于田野及村庄附近，以鱼、蛙、蟾蜍、蜥蜴为食。

乌凤蛇。又叫"乌梢蛇"、"乌鞘蛇"。无毒，长达2米。生活于山地、田野，多以蛙、鱼为食。

灰鼠蛇。也叫"灰背蛇"、"过树龙"。无毒，长1米至2米。生活于山地和平原，以蛙、蟾蜍、蜥蜴、鸟、鼠为食。

滑鼠蛇。也叫"草锦蛇"。无毒，长达2米。生活于山地和平原，以蛙、蟾蜍、蜥蜴、鸟、

状如蚯蚓的盲蛇

色彩丰富的虎斑游蛇

锦蛇

眼镜王蛇

鼠为食。

锦蛇。也叫"棱锦蛇"。无毒，长约2米。生活于山区和平原，以鸟卵、鼠类及其他蛇类为食。

黑眉锦蛇。又叫"黄颔蛇"。无毒，长约1.5米。常栖于人家的屋内，以鼠、雀为食。

三索锦蛇。无毒，长1.5米至1.8米。生活于平原和山地，以蛙、蜥蜴、鼠、鸟类为食。

百花锦蛇。无毒，长1.6米左右。生活于平原、丘陵。

青竹蛇。也叫"翠青蛇"。无毒，长1米左右。生活于竹林阴湿处，以蚯蚓、昆虫幼虫为食。

两头蛇。无毒，长36厘米至60厘米。因其尾部圆钝，且有与它颈部相同的黄色斑纹，与头部相像，同时有与头部相同的行动习性，所以得名"两头蛇"。生活于泥土中，以昆虫、蚯蚓为食。在我国民间传说中，有"见到两头蛇的人就会死"的说法，纯属迷信之说。

以上为无毒蛇。毒蛇有：

水蛇。又称"中华水蛇"、"泥蛇"。长70厘米。生活于地沟等处，以泥鳅及其他鱼类为食。

金环蛇。长1米左右。生活于平原、山地、湿地、池边等处。

银环蛇。也叫"寸白蛇"。长0.6米至1.2米，最大的可达1.6米。多栖息于水边，并常常进入人家室内，多以鱼、蛙、鼠及其他蛇类为食。其毒性强烈。

眼镜蛇。长约1米左右。生活于丘陵地带及平原，以鳝、蛙、蟾蜍、小鸟、鼠类

竹叶青

及其他蛇类为食。毒性强，且具神经性毒。激怒时，它的前半身竖起，颈部膨大，发出"呼呼"之声。

大眼镜蛇。也叫"扁颈蛇"，俗称"眼镜王蛇"。长达3米至5.9米。生活于密林中，有时也在树上或溪流附近活动。其性极凶暴，激怒时也会膨大颈部，袭击人或其他动物。

海蛇。也叫"蛇婆"。长1米左右。生活于海中，胎生，以鱼类为食。

蝰蛇。也叫"黑斑蝰蛇"。长0.9米至1.3米。生活于山地，多以鼠类为食。

蝮蛇。又称"草上飞"、"土公蛇"。长60厘米至70厘米，大的可达94厘米。生活于平原及较低山区，以鼠、蛙、鸟、蜥蜴为食。

五步蛇。也叫"蕲蛇"。长1.8米。生活于山地林中，以鸟类和小型哺乳动物为食。

龟壳花蛇。又称"烙铁头"。长1.1米。生活于山区，以鸟、鼠为食。

竹叶青。长不及1米。生活于山区树林中，特别是山涧旁的树丛中，以蛙、鸟、鼠、蜥蜴为食。

还有一种以飞机、导弹的名号而著名于世的毒蛇，即"响尾蛇"。它的尾端有角质环，剧动时能发声，便以此得名，长约2米。分布于北美洲。

关于蛇的知识，许多人已经有所了解，然而即使这样，还是有许多人对蛇非常畏惧，且感到它非常

印度耍蛇艺人

东汉绿釉红陶楼　1977年湖北襄阳出土

楼由上下两截组成，最下层为曲尺形小庭院，正面有五脊顶大门楼。围墙上有人字形流水檐，围墙上装饰有人字形、三角形、菱形等几何形图案，并有镂空三角形、长方形和方形望窗。一楼门开正中，门上浮雕铺首衔环。上层为庑殿顶。各层屋顶四角附有莲花瓣形装饰。一楼门前和房顶上有相呼应的耍蛇艺人，二楼上一人凭栏下视，观赏耍蛇。

神秘。蛇，固然可怕，但蛇更怕人。在人主宰的世界上，蛇是可以为人类服务的。蛇肉可以食用（如广东名菜"龙虎斗"，其中的"龙"便是蛇），也可以入药（用三索锦蛇等，可以浸制"三蛇酒"；用百花锦蛇等，浸制"五蛇酒"；海蛇入药，可为强壮剂；银环蛇入药，主治风湿痹痛、筋脉拘急、口眼歪斜、半身不遂及大麻风等症）；蛇皮可以制乐器、手提包、钱包等；蛇胆、蛇毒、蛇蜕，也都用于医疗保健。可以说，蛇全身是"宝"。世界上，有耍蛇为业的人，也有饲蛇为业的人。对于饲蛇、耍蛇的人而言，蛇根本就没有什么

可怕的，因为他们完全掌握了蛇的习性，知道蛇的要害之处在"七寸"。"打蛇打七寸"，便是制伏毒蛇的手段。我国江苏有位名叫季德胜的人，自幼随父捕蛇，行医卖药。后来他依据祖传秘方，制成了疗效极高的"季德胜蛇药"，并就此建立了"季德胜制药厂"。

蛇虽凶猛、有毒，但它也有天敌。蛇獴，也叫"獴哥"，头小、吻尖、四肢短小，很像鼬鼠。它对毒蛇有免疫性，能吃眼镜蛇。蛇雕，也叫"白腹蛇雕"、"横髻山獴"，为大型猛禽。它嗜食蛇类，并由此得名。蛇遇蛇獴和蛇雕，十有八九是活不成的。大自然就是这样，一物降一物。

蛇，是大自然中的一种动物，既没有什么可怕的，也没有什么神秘的。关于蛇的神话，大多为人类童年期的想象；关于蛇的传说，则更多的是编撰和演绎，以讹传讹。但是这些神话和传说，也有着它的文化意义和人生内涵，

白腹蛇雕

因此，它们之中有许多东西已经被纳入人类文化宝库。

为此，我们应该感谢我们的先辈们，他们竟想出这么神奇的故事。假如没有这些故事，人类的生活将是多么寂寞。我想，这些蛇妖龙怪的故事，只有在人类的童年才能产生，在"青年期"又被人利用。如今，人类已经进入成熟期，心理成熟了，思想成熟了，剔除迷信，人类会发现这些古老的幻想是多么美丽。我们尽可以"相信"白娘子确实存在，她就生活在西子湖畔。在细雨霏霏、杨柳依依的春天，撑着花布伞，站在苏堤上，望湖水荡碧，舟船掀绿，难道你看不见许仙正在与白娘子相会？很难想象杭州没有灵隐寺，没有"三潭印月"，没有"断桥残雪"，没有"曲院风荷"，没有"雷峰夕照"，从而也就难以想象西子湖畔没有白娘子的身影，就让蛇被赋于"灵性"吧！

"灵蛇在握"，愿每一个"蛇年"都五谷丰登、风调雨顺。

蛇獴

巳蛇生肖邮票

中　国

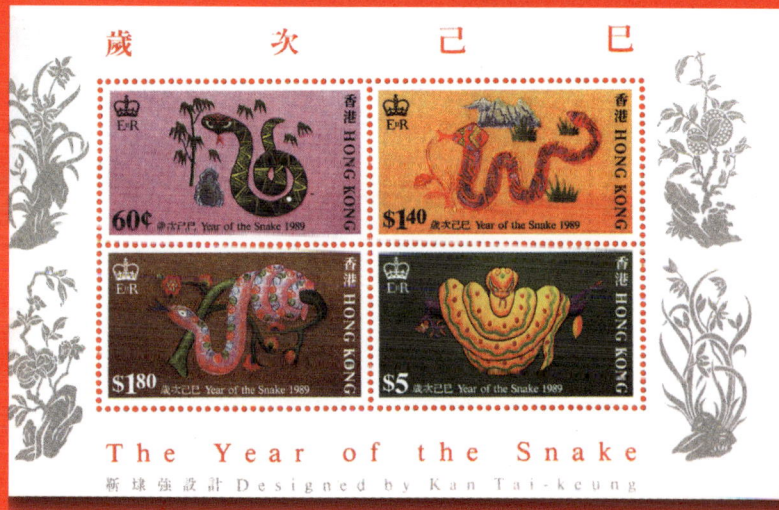

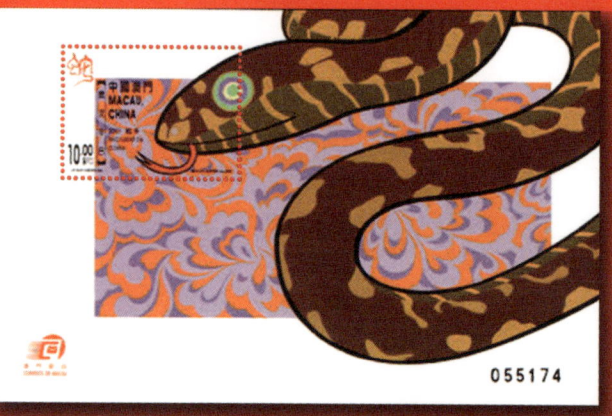

日 本

加拿大  索马里

新西兰

尼加拉瓜

不 丹

澳属圣诞岛

朝 鲜

古 巴

英属马恩岛

老 挝

韩 国

越 南

美 国

格 林 纳 达

HAPPY LUNAR NEW YEAR

新 加 坡　　　　　　　冈 比 亚

Zodiac Series - Snake

荷属安的列斯　　　　　新喀里多尼亚

图瓦卢

巴　西　　　　　　　利比里亚

圣文森特和格林纳丁斯　　　　　　法属波利尼西亚

   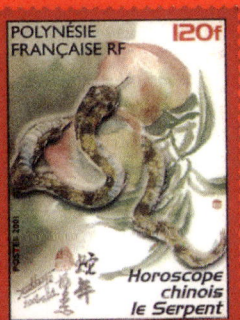

塞拉利昂

圭 亚 那

马绍尔群岛

乌干达

菲律宾

托克劳群岛

英属直布罗陀

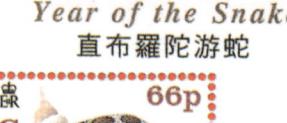

帕 劳　　　　　　　　　　　　　哈萨克斯坦

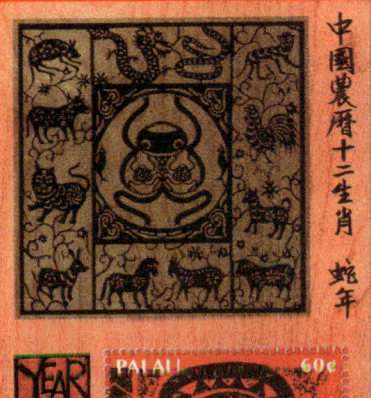

巴巴多斯

尼维斯岛

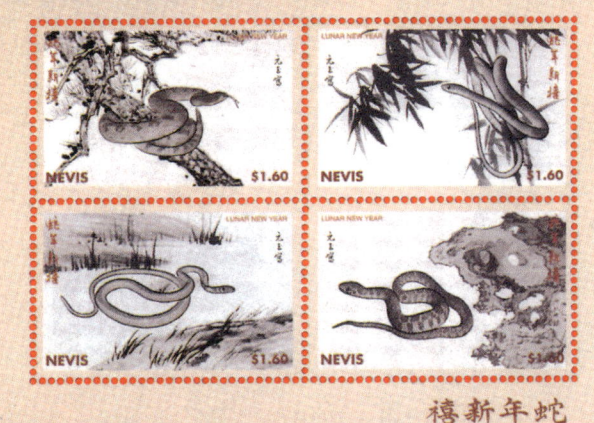

汤加王国

多米尼加 南 非

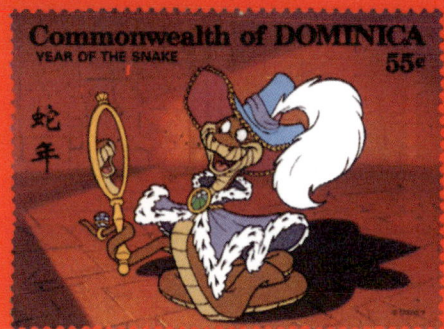

密克罗尼西亚

瑞 典

乌干达

加 纳

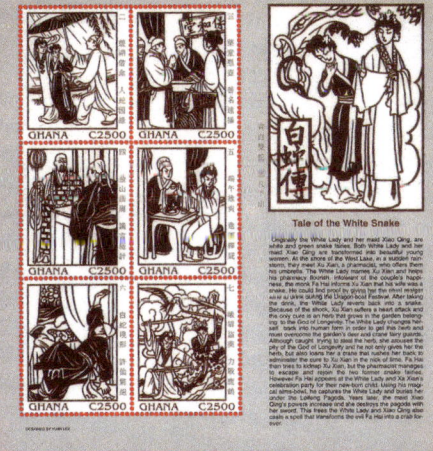

琉球群岛

英属泽西岛

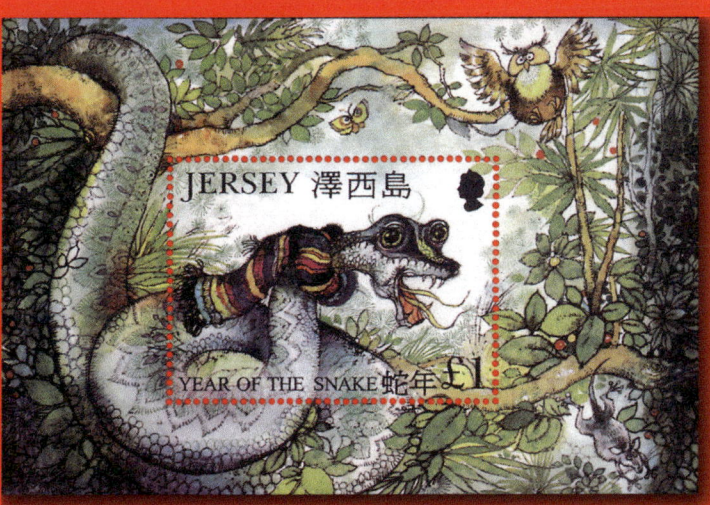

说文解蛇

日 高

一、蛇、它、也和虫古音义小考

许慎在《说文解字》中解释"它"说:"蛇,虫也。从虫而长。象冤曲垂尾形。"在"它"字下一条"蛇"字解释说:"它,或从虫。"虽然许慎比较准确地把蛇字归类为象形字,而且把"它"作为"蛇"的本字,但是,他的解释是不精确的,也是不全面的。问题就出在对另一个和"它"和"蛇"关系非常密切的一个字——"也"。这种片面是由于许慎受所能见到的文字材料限制,尤其是他没有见到甲骨文。

许慎对"也"的解释是:"也,女阴也。象形。"其实,从目前见到的更多古文字材料来看,尤其是结合甲骨文材料看。"蛇""它"和"也"几个字应该同源,"它"是本字,"蛇"是从"它"衍生出来的形声字,而"也"是从"它"字衍生出来的假借字,这与许慎所说的"也"字是象形字是不符合的。还有一个有趣的现象是,在甲骨文中,有一个"它"或"蛇"字写作"",其中偏旁""是"亻",强调了蛇爬行的特征,是一个形声兼会意的字,有的专家称这类字为亦声字。其实,"蛇"字也是这类字。

我们再来看一下"蛇""它"和"也"这几个字的上古读音。今天来看,这几个字的北方读音差别很大,即使是保留古音读法的一些方言,读音也差别比较大。我们先来看看这几个字的韵部。段玉裁在给《说文解字》做注时,把"它"和"蛇"的韵部归在"十七部","也"字归入"十六部十七部之间"。根据北京大学王力先生的上古音研究,"蛇""它"和"也"的上古音韵部都归入"歌部",也就是说,这三个字的上古发音,韵母是相同的。这三个字的韵母音值,很接近现在"它"字的韵母发音。比如说,"也"字的韵母发音在现在粤语中,仍然保留着上古音的发音特征。再来看这三个字的声母。"蛇""它""也"的声母分别归"船母""透母"和"余母"。这几个声母按照发音的音位,都属于舌音,发音是非常近的。所以,在上古,"蛇""它"和"也"这几个字的发音基本上是相同的。

我们再来看一下"蛇""它"和"也"这几个字的古文字字形。"蛇"字(当然也是"它"和"也"字)在早期甲骨文中写作"",蛇头呈椭圆形,吐着蛇信子,有点像蛇在爬行时候的样子;而在晚期甲骨文中写作"",蛇头呈菱形,有点像蛇上半身直立起来发怒的样子。晚期甲骨文中"蛇"字还写作"";早期金文的"蛇"字""就是承袭了这种写法。晚期金文""""将甲骨文字形中"箭号"般的蛇头""和菱形的蛇头""变形成""""这样的蛇头。晚期金文在蛇的腹部位置加一竖指事符号,强调蛇腹的爬行特征。小篆""省去晚期金文字形中的一竖指事符号。小篆异体字""(蛇)再加"虫",强调其爬行特征。早期隶书""(它)基本承续篆文字形。晚期隶书""误将早期隶书的"蛇头"""写成"宝盖头"加"匕""",至此"它"的字形中"蛇"的象形基因已经非常淡化了。早期隶书""(也)隐约还保留蛇头、蛇身的形象,晚期隶书""变形后蛇形尽失。有的专家认为,"虫"字和"蛇""它"

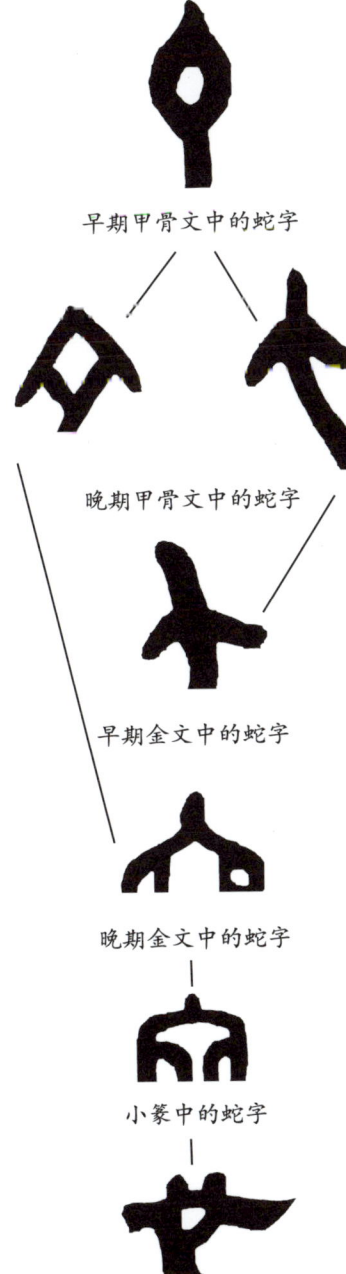

蛇头在中国早期文字中的演变与分化

（从上至下：早期甲骨文中的蛇字、晚期甲骨文中的蛇字、早期金文中的蛇字、晚期金文中的蛇字、小篆中的蛇字、早期隶书中的也字、晚期隶书中的它字）

和"也"在上古也是同一个字。从字形上看，非常有道理；在发音方面，声母也属于舌音，只是韵母涉及到阴阳对转或旁转之类的问题，比较复杂。

我们再来看这几个字的字义。《说文解字》说："上古草居患它。故相问'无它乎'？"段注："'上古'者，谓神农以前也。相问'无它'，犹后人之'不恙''无恙'也。语言转移，则以'无它'故当之。而其字或假'佗'为之。又俗作'他'。经典多作'它'。犹言'彼'也。许言此以说假借之例。《羔羊》传曰：'委蛇，行可从迹也。'亦引申之义也。"段玉裁非常清晰地解释、说明了"无它"的来由，并通过"委蛇"，也就是"逶迤"，暗示了"蛇"和"迤""也"的读音在上古的读音非常接近。

二、为虺弗摧，为蛇若何——古吴地谚语

公元前494年，吴王夫差为报父仇举兵伐越，大败越军。不久，吴王又兴兵伐越。越王勾践遣诸稽郢出使吴，以厚币卑词求和。夫差对众大夫曰："寡人拟伐齐，以酬吾志，吾将与越和，望诸臣勿逆吾意。越既知悔改，吾夫复何求？若其冥顽不灵，俟伐齐归后，复兴师问罪。"伍子胥进谏道："不可议和也。越非心悦诚服与吴和，亦非畏吾国之兵强也。其大夫文种智勇双全，将随心所欲玩吴于股掌之上，以得偿所愿也。其本知君王尚威与好胜也，故其卑言谦辞，委婉含蓄，以骄奢淫逸君王之心，使踌躇满志于中原诸国，而有损本国。令吾士气不盛，兵力衰颓，百姓流离失散，日渐憔悴困顿，然后坐收其利，收拾残局。而越王言出必信，宽政爱民，四方之士皆归附之，粮食逐年丰收，国势日渐强盛。今吾犹可一战而灭之，小蛇不除，长为大蛇后，将如何伏之（为虺弗摧，为蛇将若何）？"夫差说："大夫何长他国志气，

灭本国威风哉？越尝为吴之心腹大患乎？若无越国，春秋二季阅兵，将往何处炫吴军力？"乃许议和。比及盟誓，越王复遣诸稽郢至吴，推辞曰"盟誓有益乎？前番之盟誓，口血未干，足以取信矣。盟誓无益乎？君王能弃武之威，辱临与役使吾国，何重鬼神而轻己之力哉？"夫差许之，不歃血为盟。吴王不听伍子胥的建议，除恶未尽结果在20年后被勾践所消灭。

三、维虺维蛇，女子之祥——《诗经》中的一个梦

对于《诗经·小雅·斯干》，《毛诗序》说："《斯干》，宣王考室也。"郑笺说："考，成也。宣王于是筑宫室群寝，既成而衅之，歌《斯干》之诗以落之，此之谓之成室。"清陈奂《诗毛氏传疏》说得更清楚。他说："厉王奔彘，周室大坏，宣王即位，复承文武之业，故云考室焉。"似乎通过歌颂宫室的落成，也歌颂了宣王的中兴。但是，宫室是否是宣王时所建，此诗是否是歌颂宣王，历来的解诗家又有不同的意见。有谓是武王营镐，有谓是成王营洛，更有不确指何时者，宋朱熹《诗集传》就说："此筑室既成，而燕饮以落之，因歌其事。"清方玉润《诗经原始》也批驳了武王、成王、宣王诸说，而仅说："《斯干》，公族考室也。"看来，传、笺"宣王成室"之说，史无左证，朱、方之说还是比较客观的。那么，此诗是"衅之"之辞呢？还是"落之"之歌？或"燕饮"时所唱？各家又争论不休。衅，《说文》云："血祭也。"就是郑笺所说的"宗庙成则又祭先祖"，是以牲血涂抹宫室而祭祀祖先的一种仪式。"落之"，唐人孔颖达的《毛诗正义》又作"乐之"。落是落成，乐是欢庆，看来是一首庆祝宫室落成典礼时所奏的歌曲的歌辞。当然，举行落成典礼，内有祭祖、血祀的仪轨也是可能的。因此，我们说这是

一首西周奴隶主贵族在举行宫室落成典礼时所唱的歌辞，是没有多大问题的。

在这样的背景下，我们来看《斯干》篇中乔迁新居的贵族做的好梦。他梦到的是熊

早期甲骨文蛇字对蛇的尾部摆动特征的表现

晚期甲骨文中蛇字，用偏旁"彳"强调蛇的爬行特征

晚期金文蛇字用指事符号强调蛇的腹部特征

小篆蛇字用形旁表明蛇的类别

中国早期文字中对蛇的体态和行为特征的表现

苏轼、米芾墨迹中蛇字的写法

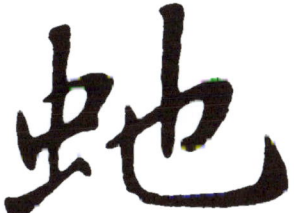

苏轼　晚香堂苏帖

苏轼　怀素自叙帖

苏轼　谷园摹古帖

苏轼　景苏园帖

米芾　拜中岳命作

米芾　清芬阁米帖

罴和虺蛇这两种动物。占梦的太卜解释说，健壮威猛的熊罴象征的是魁梧有力的男子，是生男的吉兆，而柔软隐伏的虺蛇象征的则是柔弱顺从的女子，是生女的吉兆。如果生了男孩子，就让他睡在小床上，给他穿上好衣裳，给他把玩白玉璋，这婴儿的哭声真是洪亮，以后定能华服加身，成王成侯；如果生了女孩子，就让她睡在地上，把她裹在褓褓中，给她把玩纺线锤，这女娃生得慎言温顺，以后定能操持家务，不给父母添忧愁。

《斯干》篇中的占梦带有很强的重男轻女倾向；而且，占梦更多的太仆对主人的阿谀和恭维带有一定的附会成分。《斯干》中的熊罴梦和虺蛇梦都预示着生育后嗣，这反映出中国古代一种非常重要的家族观念——多子多福观。当家雄伟壮丽的宫殿落成时，主人最想听到的祝福就是早生贵子、多子多福，这样，家族的血脉才可以绵延不绝，香火不断，社稷永存。还有一点值得注意，从熊罴到男子、从虺蛇到女子，这种梦象与梦兆之间的象征关系符合中国古代朴素的阴阳观念。

四、"委蛇"和"逶迤"——难以完成"穿越"的语言障碍

明代浮白斋主人的《雅谑》记载了一则趣事。薛简肃公有三个女儿，大女儿嫁给欧阳修，二女儿嫁给王拱辰。后来欧阳修丧妻，续娶了薛公的第三个女儿，所以王拱辰与他开玩笑说："旧女婿为新女婿，大姨夫作小姨夫。"正赶上刘原父晚年再娶，欧阳修用汉代刘晨、阮肇入天台山采药得配仙女的传说，作诗调侃刘原父说：仙家千载一何长，浮世空惊日月忙。洞里桃花莫相笑，刘郎今日老刘郎。刘原父听了不高兴，便寻机报复欧阳修。一天，刘原父、王拱辰、欧阳修三人相会，原父说："从前有个老学究教小孩念书，朗诵《毛诗》，当读到《诗经·国风·召南·羔羊》'委蛇委蛇'这一句时，告诉小学生：'这个蛇字要读作姨，切记。'第二天，小学生在路上看乞儿耍蛇，很晚才到学校，学究便责问道：'你为什么来晚了？'小学生说：'刚才在路上，碰到有人弄姨（蛇），我便与众人观看。只见他先弄大姨（蛇），又弄小姨（蛇），所以耽误了上学。'"欧阳修听了，不禁放声大笑。

从训诂学著作来看，明朝梅膺祚著、清朝吴任臣补的《字汇补》说："委蛇"之"蛇"古音为"以遮切，音耶"。 宋朝陈彭年等人编著的《广韵》说：当"蛇"表示"曲折通过"时，其读为"弋支切，音移"。汉朝焦延寿的《焦氏·易林》里有"委蛇循河，至北海涯"句，《韵补》则解此句中"委蛇"的"蛇"读为"移"。清代朱凤起所编《辞通》指出："委蛇"可写作"逶迤""威迤""威夷""委隋"等。"委蛇"在古典文献中一般指委婉曲折状，形容山川、道路、行止、态度等。另外，《古诗十九首》中有"东城高且长，委蛇自相属"的诗句。"委蛇"写出城墙弯曲而长的样子。还有，庄子在回应神巫时"虚与委蛇"，就是一种敷衍、不可捉摸的姿态。

从这几方面来看，起码在宋代，"蛇"字的读音就已经和《诗经》时代上古发音差距很大了。因为"蛇"和"姨""迤""夷"这些字的发音已经不同了。但是，这些字在上古的音值、音位就真如现在的"迤"字发音吗？不是的，声母和韵母的发音在上古既不是今天的"蛇"，也不是今天的"迤"，而是另一个读音，它们的声母是舌音，韵母是歌部。由此可见，宋代人要完成到上古的穿越已经被语言不通的问题拦住了，何况我们和宋代的发音又有差异，怎么完成穿越呢？

中国早期文字中与蛇有关的字

说文解蛇

巳为它象形

吴裕成

子丑寅卯、辰巳午未、申酉戌亥，东汉许慎《说文解字》对于地支的十二个用字，均有解说。可是十二者当中，涉及属相的，唯"巳"最典型：

四月阳气已出，阴气已藏，万物见，成文彰，故巳为它象形。

"蛇"字本作"它"，"虫"旁是后人加上去的，曾是俗字。《说文》释"它"，说其也是象形字，"象弯曲垂尾形"。又说："上古草居，患它，故相问：'无它乎？'"原始时代，穴居野处，避免被蛇伤害是日常生活中的大事。人们见面，彼此相问"无它乎"——"没有蛇吧"，以此打招呼。

蛇在民间又称"长虫"，而"虫"字的古义正是指蛇。甲骨文"虫"字刻写为头部呈三角形的毒蛇。《说文》所载"虫"字，为蝮蛇卧伏之状。

用线条将蛇的形象描画下来，这就有了古汉字"巳""它""虫"。

"巳为它象形"，即是讲"巳"字为蛇的象形字。宋代王应麟《困学纪闻》谈十二生肖起源，引述了许慎的见解："《说文》亦谓巳为蛇，象形。"明代顾炎武《日知录》"巳"条也采用此说：

戊巳之巳，篆作巳。辰巳之巳，篆作 ꙅ，象蛇形。隶书则混而相类，止以直笔上缺为己，上满为巳。

对"巳为它象形"的说法，郭沫若持异议。他在1929年写于日本的《释支干》中提出：

巳实无象。蛇之意，巳之为蛇者，其事在十二肖象输入以后。《论衡·物势篇》曰："巳，火也，其禽蛇也。"又《言毒篇》曰："辰为龙，巳为蛇。"此为十二肖象见于文献之始。其丁古器，据余所见《新莽嘉量》之"龙在已巳"，巳作 ꙅ，酷肖蛇形，则知肖象之输入至迟在新莽时代。

郭沫若《释支干》认为，十二生肖是外来物，"入中国当在武帝通西域之时"。上面所引的那一段话，即以"生肖外来"为前提。他认为，《说文解字》"巳为它象形"的解释，"于巳之本义亦未把握"，进而提出"巳实无象，

随形漆木（藤）蛇
明清家具

巳之为蛇者其事在十二生肖输入以后"。这是讲，"巳"原本并不是蛇的象形字，以"巳"为蛇的象形字，是生肖文化传入之后的事情。那么，什么时候"巳"与蛇发生了联系？郭沫若举了《新莽嘉量》"巳"字酷似蛇形的例子，并以此说明，至迟在王莽改制的时代生肖文化已传入。这一时间，比王充写《论衡》早几十年。

然而，古文字中真真切切地画着一条条蛇。"闽"字门内供一条。川地之"巴""蜀"，也都凝结着蛇的传说。特别是那个"巴"，实实在在地做了"巳"为蛇的旁证。

先说"蜀"中含"虫"——蛇。相应的神话故事，记在《华阳国志·蜀志》中："蜀有五丁力士，能移山，举万钧。"蜀王迎娶秦女，归时走到梓潼，"见一大蛇，入穴中。一人揽其尾，掣之，不禁"。两个人来拽，拽不住。再上来一人，又上来一人，直至五丁协力，高声喊叫着，向外拽。那条大蛇拼命向山中钻，相持之际，突然山崩，压死五位力士，成为五岭。你看，蜀"中那条"虫"（蛇），是何等了得。

"巴"字为蛇——"巳"中多一笔，《说文解字》释："蟲也，或曰食象蛇，象形。""巴"字轮廓框架为"巳"，所多的一笔，你道何物？那原来是大象。今人熟知的俗语，"人心不足蛇吞象"，含着贬义。但在古代，巨蛇吞象却是闪烁奇光异彩的神话思维，表现着可歌可泣的壮烈。屈原《天问》："一蛇吞象，厥大何如？"历代注家均引《山海经·海内南经》："巴蛇食象，三岁而出其骨。"传说还讲，射日的羿，在洞庭湖畔杀了巴蛇，巴蛇之骨如丘陵，便有了地名巴陵。又有象骨山，相传巴蛇吞象，象骨成了大山。朱熹《楚辞集注》注巴蛇，记下得于山民之口的故事：蛇吞人家鸡窝里的蛋，吞下肚后，便去缠树，使劲地绞呀缠呀，绞碎蛋壳，吐出蛋皮。苦于其扰的人们，就想出聪明的对策，削木为蛋，引蛇上当。吞鸡蛋吞出了甜头的蛇，吞下木蛋，照例去缠树较劲，直绞得蛇身破裂。

"一蛇吞象，厥大何如？"巴蛇的传说，其实也是巳蛇的传说。清顺治年间刻本《离骚图》，绘出巨蛇吞大象的情形，释文特别点出巳蛇生肖：

后羿斩巴蛇　湖南岳阳巴陵广场雕塑
传说古代有蛇名巴蛇。巴蛇从四川巴东下长江，兴风作浪，无恶不作，老百姓深受其害，后羿就来了，挥动弓箭射死了它。巴蛇尸骨如山，堆成了丘陵，然后大家就叫这块堆成的地方做巴陵。

南方有灵蛇，吞象三年，然后出其骨是也。蛇属巳，巴益以蛇画者，象形也。

将汉字作为生肖溯源的线索，"巴"字应该算上一条。宋代人所撰《尔雅翼》说："巴者，食象之蛇，其字象蜿蜒之形。"巴字的"蜿蜒之形"，得由巳蛇之巳。

巳为它象形

人蛇合一的神话

王 迅

双阙迎谒、伏羲女娲画像
东汉　1973年四川郫县出土　四川省博物院藏
此图在一石棺之上，伏羲女娲像作人首蛇躯，上身相拥，两尾相交系结。左为伏羲，右手擎日轮，轮中一金乌。右为女娲，左手擎月轮，轮中有桂树蟾蜍。

人蛇之争中出现的畏蛇、敬蛇心理和由原始人对蛇的认识而产生的崇蛇风习，导致了人蛇合一神话的出现。这些神话反映了蛇图腾在我国原始社会时期的存在。

"图腾"是印第安语的音译，意为"亲属"或"标记"。氏族社会的原始人相信某种动物、植物或自然力是本氏族的祖先，或者与自己的祖先有过血的交流，可以保护自己，即以其为氏族图腾加以爱护。有的图腾成为崇拜的对象。有的图腾虽不是直接崇拜对象，但氏族社会在对自然力或自然神的崇拜中常与图腾观念相连，图腾物种可以说是受到间接的崇拜。

有的地方，个人也可以有自己的图腾。

在中国神话中，盘古是开天辟地的神祇，据说"盘古之君，龙首蛇身"。不过这种说法出现较晚，见于《广博物志》卷九引三国时期徐整的《五运历年纪》。

女娲在先秦文献中曾见于《楚辞·天问》："女娲有体，孰制匠之？"王逸在《天问集注》中说："女娲人头蛇身，一日七十化。"王延寿在《鲁灵光殿赋》中说："女娲蛇躯，伏羲鳞身。"许慎《说文解字》中说女娲是"古之圣女，化万物者"。看来在汉代的神话传说中，女娲这位上古时期的圣女还是人首蛇身的形象，而另一位大神伏羲的鳞身，也应是蛇身或龙身。

在汉代的画像石墓的图像上，常可以看到伏羲、女娲的形象，都是人首蛇身或人首龙身。有的相对而立，有的并肩并体，尾部亲昵地缠绕一起。在传说中，伏羲和女娲是兄妹也是夫妻，又是中国人最早的"人祖"，形象又是人蛇合一。我们由此推测，人蛇合一的传说反映

铜　蛇
四川广汉三星堆2号祭祀坑出土
蛇体形硕大，头顶和背部有镂空的刀状羽翅，可能是表意其飞行功能。从蛇颈下和腹部的环钮看，估计是挂在某种物体上作为神物膜拜的。

人蛇合一的神话

木雕人首蛇身像 五代 江苏扬州寻阳公主墓出土
以一种图腾形象，象征着驱邪避害、起死回生、生命永恒的意义。人首蛇身交缠一起的形象，描绘的是中国传统文化里的人文始祖伏羲女娲。

女有了蛇身便得到更高的地位，曲折地反映了上古时期蛇已经升上神坛了。

人蛇合一神话传说的基础是原始社会中的人与蛇有过某种意义上的和谐。一件传为甘肃出土的马家窑文化人首形陶器盖上，有一条昂首的蛇，依人首之后而立，人与蛇亲密无间地相处，可能与当时的原始巫术有关。

在上古宗教中，神与神之间、神与人之间、天地之间往往需要联系的媒介，巫师在巫术活动中需要沟通神与人的工具，而蛇在许多民族的巫术中都是经常被巫师使用的工具、"助手"。这类情况出现的原因是：蛇在生活中虽常见却又显得很神秘，它无足却能疾行，行动灵活，能够盘绕；毒蛇的身体一般不大，却能致强敌于死命；它的活动能预示天的变化，说不定还能预示人世间的其他事情；它生命力旺盛，蜕皮后如获新生；它的生殖能力强；蛇又可以被驯化耍弄，随着音乐摇摆如舞，蛇极耐饿，却又有极好的胃口。凡此种种，都让原始时期的人们惊诧和不解。而这些能力很适合巫术：能疾行，该去作神与人的媒介；能预示未来晴雨，该去预示更多的事情；蜕皮展示的返老还童和生殖活动中的多产本领，最好能转移到人的身上。

了原始社会的蛇图腾崇拜和崇蛇习俗。汉代虽已不存在图腾，但半人半蛇的神成了广泛信仰的对象，折射着上古时期蛇的光彩。

在先秦典籍中并无女娲蛇体的记载，也没有"补天"业绩的传说。而汉代的女娲是蛇身圣女，关于她功绩的神话也多了起来。这位圣

人面蛇身雕塑
民间有俗语："老鼠再打洞，不敢打坟洞。"从江苏、山东、福建、四川等地发掘的人首蛇身文物及石刻壁画看，说明古人早已将蛇看作"阴宅"及死者的守护神。而蛇生命力的旺盛，以及蛇的蜕皮现象，也许有祈祷死者早日获得新生的含义。

白蛇传

任率英绘

《白蛇传》是我国著名的四大民间故事之一，它以丰富的想象力、大胆奇妙的艺术构思、生动曲折的传奇情节，塑造了娘子、许仙、小青、法海等栩栩如生的人物形象。

《白蛇传》的传说，最早见于南宋的《西湖三塔记》，明朝时出现了话本《白娘子永镇雷峰塔》，清以后，《雷峰传奇》、《白蛇传》等长篇传说故事和各种舞台演出本先后问世。从此，这一富有神话色彩，又极富人情味的传说便在中国的大地上广为传诵。

任率英（1911年—1988年），河北束鹿人，人民美术出版社著名画家，擅工笔重彩人物画，画风工丽，雅俗共赏。1953年，任率英创作的《白蛇传》与王叔晖的《西厢记》、赵宏本的《桃花扇》、刘继卣的《武松打虎》并称连环画四大经典。

1　这两位漂亮的女子，个子高一点的叫白娘子，矮一点的叫小青。据传，她们原是峨眉山中的两条小灵蛇，因羡慕人间的美好生活，才变化成人来到人间。

2　这年春天，她们来到杭州西湖游玩，忽遇大雨，便要求上船躲避风雨。此船正好是年轻客人许仙雇下的，许仙忙让她们上船，并对白娘子产生了爱意。

3　不久，经小青牵线做媒，白娘子和许仙结为夫妻。

4　一天，白娘子让小青取来银子递给许仙，让他张罗开一家药店。此时县官私挪库银，却诬陷白家偷盗库银转赠许仙，便判许仙入牢服役。

5　为躲避这场灾难，他们三人离开杭州来到苏州，开了一家"保和堂"药店。这一年，正值苏州瘟疫流行，许多居民都病死了。白娘子见疫情严重，便对症下药，使许多患病的人都被救活了。

6　然而，金山寺凶僧法海却以搭救许仙为名，破坏他们夫妻关系，并对许仙说："你妻子本是千年白蛇变化成人，你日后必定被她所害。端午节那天，你将这雄黄酒多劝她喝几杯，等她喝醉了，便现出原形来了……"

6　端午节这天，许仙拿出雄黄酒，与娘子痛饮。她喝了几杯之后，忽觉头痛，推辞不喝，许仙却还是不住地劝她。白娘子无奈，只得再喝，忽然现了原形。许仙见了，不觉大叫一声，立刻昏死在地上。

白蛇传

8　白娘子酒醒后，见许仙一连几天人事不省，便独自来到昆仑山。她打败了两位武艺高强的仙童，盗得一棵灵芝草，救了许仙的性命。

9　许仙得救后，深感自己上了法海的当，不该对妻子起疑心。他当即向妻子认了错，与她重新和好。

10　但法海仍不罢休，再次将许仙骗至金山寺，威逼其出家。为了救回许仙，白娘子和小青来到金山寺，向法海要人。法海不但不放人，还骂白娘子是妖怪。

11　白娘子和小青见法海不肯放人，便与他打斗起来。因白娘子怀着身孕，将要分娩，又加上打斗了半天，肚子忽然疼起来，忙叫小青暂时收兵。此时许仙便趁寺内混乱之机，从后窗逃走了。

12　断桥头相遇后，小青骂许仙忘恩负义，不辞而别，欲拔剑杀他，幸亏被白娘子拦住了。许仙实话实说，好言相慰，又与她们重归于好。

13　白娘子终于生下了一个又白又胖的男孩，取名梦蛟儿，一家人都喜欢得不得了。许仙说："从此以后，我再也不信那妖僧的话了。纵然你真的是一条蛇，我也永不变心，与你终生相爱。"

14 突然一天,那凶僧走来用金钵中住了白娘子,一个团圆的家庭又被他破坏了。许仙见此情景,心如刀割。白娘子则嘱咐小青赶快逃走,待时机成熟之时,再来报仇并来救她。

15 从此以后,白娘子被压在了雷锋塔下。后来,小青经过多年积蓄力量,到西湖来战胜法海,并将雷锋塔烧了个净光。

16 小青砸碎了金钵,烧毁了塔,救出了白娘子。白娘子在云端里,和青儿站在一起,仍旧和当年一样,和善、美丽。

古代的神蛇与异蛇

王 迅

汉代以前的神话传说中已经有了不少神蛇与异蛇。汉代以降，又出现了更多的蛇名，多为自然界并不存在的异蛇。我们已经提到过其中的一小部分，如两头蛇（两头蛇在《尔雅·释地》中又被叫做枳首蛇）、巴蛇、修蛇等。

大 蛇

《山海经·北山经》说：谆于毋逢之山，"西望幽都之山，浴水出焉。是有大蛇，赤首白身，其音如牛，见则其邑大旱。"这种大蛇预兆着旱灾，是一种不祥的异蛇。

汉代以后，还出现过别的大蛇传说。《水经注·淄水》引《晋起居注》说："齐有大蛇，长三百步，负小蛇，长百余步，径入市中，市人悉观。"不要说长三百步的大蛇，就是长百余步的"小蛇"也是人们见所未见的，难怪传说中的市人忘记了害怕全去观看了。

巨 蛇

传说中比上述大蛇更大的有巨蛇。鲁迅《古小说钩沉》辑《玄中记》说："昆仑西北有山，周回三万里，巨蛇得三周。蛇为长九万里。蛇居此山，饮食沧海。"假如真的有长九万里的巨蛇只怕沧海也要被饮尽。这样的巨蛇可以绕地球一周，哪一座山也容它不下。

长 蛇

《山海经·北山经》说："大咸之山，无草木，其下多玉。是山也，四方，不可以上。有蛇名曰长蛇，其毛如彘豪，其音如鼓柝。"

白 蛇

《山海经·北山经》："神囷之山，其下有白蛇。"《中次十二经》说：柴桑之山，"其上多银，其下多碧，多汵石、赭，其木多柳芭楮桑，其兽多麋鹿，多白蛇飞蛇。"

玄 蛇

《山海经·大荒南经》说："黑水之南有玄蛇，食麈。有巫山者，西有黄鸟、帝药、八斋，黄鸟于巫山，司此玄蛇。"麈是驼鹿，玄蛇能吞食驼鹿，也应当是一种大蛇。《海内经》又说："北海之内，有山名曰幽都之山，黑水出焉，其上有玄鸟、玄蛇。"不知这两处的玄蛇是否为一类。

古代的神蛇与异蛇

种说法当源于两种稍有差别的传说。

黄 蛇

《山海经·大荒北经》说："东北海之外，大荒之中，河水之间，附禺之山 黄蛇"。

"大荒之中，有山名曰成都载天。有人珥两黄蛇，把两黄蛇，名曰夸父。"

育 蛇

《山海经·大荒南经》说："有宋山者，有赤蛇曰育蛇。有木生山上，名曰枫木。"

黑 蛇

《山海经·海内经》："有朱卷之国，有黑蛇，青首，食象。"郭璞注："即巴蛇也。"

汉代以后，亦有关于黑蛇的传说。唐初虞世南编撰的《北堂书钞》卷一五八引《壬子年拾遗记》说，禹凿龙门时到了一处洞穴，里边幽暗，禹无法前进。有一条长十丈、头上长角的黑蛇，衔着一颗夜明珠，在前边为禹照亮。

青 蛇

《山海经·海外北经》："北方禺强，人面鸟身，珥两青蛇，践两青蛇。"是说北方的大神禺强两耳以青蛇为装饰，又踩着两条青蛇。而禺强为鸟身，大概是上古时期崇拜鸟图腾的氏族、部落信奉的神。"践两青蛇"可能是该氏族、部落曾经与奉青蛇为图腾的人们发生过冲突的反映。

《山海经·大荒北经》又说："有大人之国 有大青蛇，黄头，食麈。"这里的大青蛇也吞食驼鹿，与上面的玄蛇食性相同。

赤 蛇

《山海经·大荒北经》："北海之渚中有神，人面鸟身 践两赤蛇，名曰禺强。"前面提到禹彊践两青蛇，在这里又践两赤蛇。两

肥 遗

《山海经·西山经》："太华之山，削成而四方，其高五千仞，其广十里，鸟兽莫居。有蛇焉，名曰肥遗，六足四翼，见则天下大旱。"郭璞注："汤时此蛇见于阳山下。"《山海经·北山经》说："彭毗之山 肥水出焉，而南流注于床水，其中多肥遗之蛇。"肥遗形状为一首双身，也是预示旱灾的不祥之兆。

虎色蛇

《山海经·海外东经》说：共工之台在相柳东。"台四方，隅有一蛇，虎色，首冲南方。"这里的虎色蛇，可能是共工之台的保护神。

蝮蛇

《山海经·海内西经》说："开明南有树鸟，六首，蛟、蝮、蛇、蜼、豹、鸟秩树。"蝮即蝮蛇，又名反鼻蛇，是一种自然界存在着的毒蛇。不过它的毒性往往被人们夸大，在传说中成了异蛇。晋张华《博物志》卷九："蝮蛇秋月毒盛无所蜇，蜇啮草木以泄其气，草木即死。人采樵，设为草木所伤刺者，亦杀人。"《山海经》中又多次出现"蝮虫"名称，也是指蝮蛇。郭璞注："蝮虫，色如绶文，鼻上有针，大者百余斤，一名反鼻虫。"

化蛇

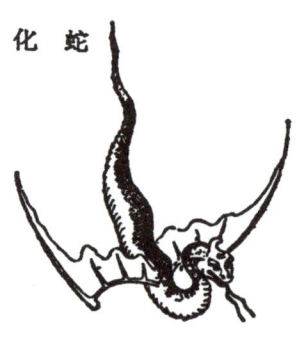

《山海经·中山经》说：阳山"阳水出焉，其中多化蛇，其状如人面而豺身，鸟翼而蛇行，其音如叱呼，见则其邑大水"。化蛇是传说中预示水灾的不祥之兆。

鸣蛇

《山海经·中次二经》说："鲜山多金玉，无草木，鲜水出焉，而北流注于伊水。其中多鸣蛇，其状如蛇而四翼，其音如磬，见则其邑大旱。"

鸣蛇与化蛇都是长着翅膀的飞蛇，一个预示旱灾，一个预示水灾。

飞蛇

前面介绍白蛇的时候，已经提到了《山海中·中次十二经》中的飞蛇。郭璞注："即螣蛇，乘雾而飞者。"螣蛇即腾蛇，能腾云乘雾，与凤凰齐舞，显然象征着吉祥，与化蛇、鸣蛇这些不祥的飞蛇大不相同。

蝡蛇

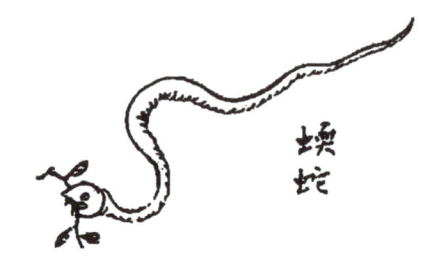

《山海经·海内经》说：灵山"有赤蛇在木上，名曰蝡蛇，木食"。郭璞注："言不食禽兽也，音如奭弱之奭。"

神话传说中的麒麟是"仁兽"，只食落在地上屿树叶而不食正在生长中的植物。蝡蛇不食禽兽，只食草木，也应该是神蛇中的"仁者"了。

儵螝《山海经·东山经》说：独山"末涂之水出焉，而东南流注于沔，其中多儵螝，其状如黄蛇，鱼翼，出入有光，见则其邑大旱"。

琴虫

《山海经·大荒北经》说："有肃慎氏之国 有虫，兽首蛇身，名曰琴虫。"郭璞注："亦蛇类也。"

窫窳

《山海经·海内西经》说："贰负之臣曰危，危与贰负杀窫窳。""开明东有巫彭、巫

抵、巫阳、巫履、巫凡、巫相,夹窫窳之尸,皆操不死之药以距之。窫窳者,蛇身人面,贰负臣所杀也。"

雄虺

屈原《天问》:"雄虺九首,儵忽焉在?"王逸注:"虺,蛇别名也。儵忽,电光也。言有雄虺,一身九头,速及电光,皆何所在乎?"《楚辞·招魂》:"雄虺九首,往来儵忽,吞人以益其心些。"

九首雄虺只见于《天问》、《招魂》,别无可考。它是一种九头怪蛇,行动疾速,喜吞人(或吞人魂魄),以益其心。

人 蛇

《格致镜原》卷九九引陈鼎《蛇谱》说:"人蛇,长七尺,色如墨。蛇头蛇尾蛇身,尾长尺许,而人足人手,长三尺。人立而行,出则群相聚,遇人辄嬉笑,笑已即转噬,然行甚迟,闻其笑即速奔宁脱。"看来传说中不仅有笑面虎,而且有先对人笑,笑过就吃人的笑面蛇。好在它的动作慢,听到它笑就逃走还来得及。

唤人蛇

清代花俞樾《茶香室丛钞》卷二三引《蛇谱》说:"唤人蛇长丈余,至数仞,广西近交趾山中有之。伏草莽间,遇行旋过,辄大呼曰:'何处来?哪里去?'只此六字,甚清楚,音同中州。不知者误应之,虽去隔数十里,蛇必至。至则腥风拥树,排挞而入,吞应者去,人莫能制也。"

钩 蛇

《水经注·若水》载:博南山有钩蛇,"长七八丈,尾末有歧。蛇在山涧水中,以尾钩岸上人牛食之"。钩蛇是传说中的怪蛇,尾巴分叉,钩取人畜为食。郭璞《江赋》说:"尔其水物怪错,则有潜鹄鱼牛、虎蛟钩蛇。"也以钩蛇为恶猛的水物。

九头蛇

共工之臣相柳九头蛇身,是人面蛇身的神灵,所以不应算作九头蛇。雄虺是九头蛇的一种。另据清代陈元龙《格致镜原》卷九九引《鸟兽考》记载:"真腊王宫之中有金塔,王夜则卧其上,土人皆谓塔之中有九头蛇精,乃一国之土地主也。"

蛇的故事

后羿斩巴蛇

后羿斩巴蛇

《山海经·海内南经》载："巴蛇食象，三岁而出其骨，君子服之，无心腹之疾。其为蛇青赤黑。一曰黑蛇青首，在犀牛西。"后世将这种以小吞大的情形，用来比喻人心的贪婪无度。

古代中国的巨蛇，也叫做修蛇，据说体长达到180米，头部蓝色，身体黑色。修蛇居住在洞庭湖一带，吞吃过往的动物。据说它曾经生吞了一头大象，过了三年才把骨架吐出来。由于修蛇也袭击人类，所以天帝派遣后羿前往斩杀。后羿首先用箭射中了修蛇，然后一直追赶它到遥远的西方，将其斩为两段。修蛇的尸体变成了一座山丘，现在称为巴陵（即湖南岳阳）。

孙叔敖杀两头蛇

孙叔敖为婴儿时，出游，见两头蛇，杀而埋之。归而泣。其母问其故，叔敖对曰："闻见两头之蛇者死，向者吾见之，恐去母而死也。"其母曰："蛇今安在？"曰："恐他人又见，杀而埋之矣。"其母曰："吾闻有阴德者天报以福，汝不死也。"及长，为楚令尹，未治而国人信其仁也。

孙叔敖

氏，名敖，字孙叔，汉族，春秋时期楚国名臣。

这则古代故事是说年幼的孙叔敖是一个好孩子，他勤奋好学，尊敬长辈，孝敬母亲，很受邻里的喜爱。有一次，孙叔敖外出玩耍，忽然看到路上爬着一条双头蛇。他以前听别人说，谁要是看见两头蛇，谁就会死去。孙叔敖乍一见这条蛇，心中不免一惊。他决定马上把这条双头蛇打死，不能再让别人看见。于是他拾起路边的大石块，打死了双头蛇，并把它深深地埋起来。回到家里，孙叔敖闷闷不乐，饭也不吃，一个人坐在油灯前看书发呆。他母亲看到便问他道："孩子，你今天是怎么啦？"孙叔敖抬

母教芳敖图

孙叔敖埋蛇处

头看了看母亲，摇摇头说："没什么。"然后低下头去，依然无精打采。母亲伸出手，摸了摸他的额头说："是不是生病了？"孙叔敖再也憋不住了，一下扯住母亲的衣袖伤心地哭起来。孙叔敖边哭边说："今天我在外面看到了一条双头蛇。听人说，看见这种蛇的人会死去的，要是我死了，我就再也见不到您了。"母亲边安慰他边问道："那条蛇现在在哪里呢？"孙叔敖边擦眼泪边回答说："我怕再有人看见它也会死去，就把它打死埋起来了。"听了孙叔敖的话，母亲很感动地说："好孩子，你做得对。你的心眼这么好，你一定不会死的。好人总是有好报的。"

在孙叔敖成为楚国丞相之前，他仁爱的品德就已经深入人心，广为流传。

蛇报恩

崔炜在市集上看到一位孤苦零丁的乞丐婆，由于很多天没有吃饭，饿得头昏眼花，走路也摇摇晃晃的，也不知道怎么回事，竟然撞倒了路边饮酒人的酒。这群青年气势汹汹地责骂乞丐婆，还有几个人想要揍她呢！

在一旁观看的崔炜，心里非常同情乞丐婆。虽然他身上半毛钱也没有，但是他仍然脱下自己的衣服来偿还酒钱，为乞丐婆解了围。

崔炜才排解了纷争，一转头，乞丐婆竟然不见了！但是生性旷达的崔炜毫不在意，拍了拍身上的灰尘就回家了。

这天晚上，崔炜梦见有一条青色的蛇向他道谢："下午多亏公子搭救，真是非常感激，特地送来一些艾草作为报答。这个艾草妙用无穷，它可以去除各种赘瘤肿块，只要一点点就可以了，不要多用！希望它能帮你完成心愿，娶一房贤妻。"说完，青蛇再拜谢一次，就消失了。

崔炜从梦中惊醒，想着梦中的情景，觉得真是不可思议，但是伸手一摸到床边，竟然真的有一束艾草！

不久，邻县的一位姓任的大富翁的女儿得了一种怪病，头上长了一颗大肿瘤，访遍了名医，都没有治好。于是任大富翁只好贴出一张告示："只要有人能医好小女的病，我愿将女儿许配给他。"崔炜听说了这件事，想起了自己的灵药，就抱着试试的心态到了任大富翁的家。果然就像青蛇所说的，任家小姐敷上艾草后，不到两天就消肿痊愈了。就这样，崔炜娶到了温柔可爱的任家小姐为妻，而艾草的功效也被人们广为使用。

人心不足蛇吞象

巴蛇吞象

相传宋仁宗年间，河北深泽某村，一个只有母子两个人的家庭，母亲年迈多病，不能干活，儿子王妄，三十岁，还没有讨上老婆，靠卖些柴草来维持生活，日子过得很苦。

这一天，王

蛇吞象 雕塑

妄跟以往一样到村北去拔草，无意之中，发现草丛里有一条七寸多长的花斑蛇，浑身是伤，动弹不得。王妄动了怜悯之心，带它回了家，小心翼翼地为它冲洗涂药。蛇苏醒后，冲着王妄点了点头，表达它的感激之情。母子俩见状非常高兴，赶忙为它编了一个小荆篓，小心地把蛇放了进去。从此，王妄母子俩对蛇精心地护理，蛇的伤逐渐痊愈，也渐渐长大，很是可爱。

话说宋仁宗整天不理朝政，宫里的生活日复一日，没什么新样，觉得厌烦，想要一颗夜明珠玩玩，就张贴告示，谁能献上一颗，就封官受赏。这事传到王妄耳朵里，回家对蛇一说，蛇沉思了一会儿说："这几年来你对我很好，而且有救命之恩，总想报答，可一直没机会，现在总算能为你做点事了。实话告诉你，我的双眼就是两颗夜明珠，你将我的一只眼挖出来，献给皇帝，就可以升官发财，老母也就能安度晚年了。"于是，王妄挖了蛇的一只眼睛，第二天到京城，把宝珠献给皇帝。满朝文武从没见过这么奇异的宝珠，赞不绝口。到了晚上，宝珠发出奇异的光彩，把整个宫廷照得通亮。皇帝非常高兴，封王妄做了大官，并赏了他很多金银财宝。

没想到西宫娘娘见了，也想要一颗，不得已，宋仁宗再次下令寻找宝珠，并承诺把丞相的位子留给第二个献宝的人。王妄想，我把蛇的第二只眼睛弄来献上，那丞相不就是我的了吗？于是王妄又去求蛇。蛇说："我为了报答你，已经献出了一只眼睛，你也升了官，发了财，就别再要我的第二只眼睛了。人不可贪心。"但王妄鬼迷心窍，厚颜无耻地说："我不是想当丞相吗？你就成全了我吧！"王妄执意要取第二只眼睛，蛇见他变得这么贪心残忍，早气坏了，一下变成了一条巨蛇，张开大口，把王妄吓得魂飞魄散，但想跑已经来不及，蛇一口吞下了这个贪婪的人。

担　生

郦道元《水经注·浊漳水》里有："人有行于途者，见一小蛇，疑其有灵，持而养之，名曰担生。长而吞噬人，里中患之，遂捕系狱。担生负而奔，邑沦为湖，县长及吏咸为鱼矣。"

担生，是中国古代传说中引起水害的巨蛇。

故事说有一位书生小时候捉到一条小蛇，将它养大。蛇长大了之后书生就背着它走，因此得名"担生"。但是由于蛇越来越大，书生也背不动它了，因此就将它放生到河南的沼泽地中。过了很多年，大蛇变成了巨蛇，在沼泽附近吞食行人。这时候书生已经老了，听说这件事之后就来到沼泽探访。巨蛇果然出来袭击，书生远远地对蛇说："你不是我的担生吗？"巨蛇听见之后就垂下头离开了。

书生回到县城，县令知道他见了大蛇却没有被吃掉，以为怪异，就把书生抓起来关入监狱，并要将他处死。书生在牢房中叹道："担生，养了你反让我送了命，太惨了。"没想到，担生当夜就攻陷了县城，使一县都成了湖，唯有监狱没有陷下去，书生得救。

大禹杀相柳

在帝舜的主持下，人们举行了庄重的祭祀

搏杀相柳 武汉大禹神话园雕塑

仪式,上告天帝,下达鬼神,祈祝成功平定洪水。

仪式之后,禹率领众神和民众正式开始治水。他吸取父亲鲧治水失败的教训,采用新的治水策略:顺着水性和地势,以疏导为主,以堙堵为辅。

为此,禹把整个治水工作进行了详细的分工:他让应龙负责导引江河主流的洪水;让群龙负责导引江河支流的洪水;让火正伯益焚山烧泽,驱散猛兽毒蛇;让玄龟驮着息壤跟随自己和众人,填平深沟,加固堤坝,垫高人们居住的地方。

可是,这却惹恼了水神共工,他运用神力,把刚刚平静一些的洪水又"振滔"起来,中原一带重新变成泽国。他又让自己的下属相柳(九头蛇)破坏已经建好的治水工程。相柳长着九个脑袋,喜欢吃土,一次就能吃下九座小山。它吐出的东西,会形成水泽,气味儿令人恶心,苦涩难闻,即使是野兽都无法在附近停留。

相柳到处吃江河堤坝上的土,使河道中的洪水不断溢出,四处泛滥,淹没一块块陆地。

眼看着前期的工作被破坏得不成样子,就要前功尽弃了,禹决心用武力对付共工和相柳。在应龙和群龙的帮助下,禹奋起神威,打败了水神共工,把他赶回了天庭,又诛杀了罪恶难赦的相柳。

相柳被杀后流了很多血,腥臭无比,不能种任何庄稼;它待的地方,是一个多水的沼泽地,人们无法在此居住。禹派人垫了三次土,都陷了下去。没有办法,禹只好把这里挖成一个大池塘,并用泥土在池塘边修建了几座高台,作为祭祀诸神的地方。

刘邦斩蛇

刘邦斩蛇 潘振镛作

刘邦,秦末沛县丰邑人。早年任沛县泗水亭长时奉命押送一批劳工去骊山为秦始皇修筑陵墓,途中许多劳工趁机脱逃。刘邦暗想即使到达骊山,劳工也都逃光了,无法交差。于是在芒砀山泽前休息进食,晚上释放所有的劳工说:"你们各自逃生去吧!我从此也逃亡去了。"劳工中有十几位壮士见刘邦宽宏大度,豪爽义气,便愿意追随他。

晚上,刘邦喝了不少酒,乘着酒兴继续赶路。月色苍茫,小径婉蜒。在逃往芒砀山泽的小路上,走到前面的人忽然惊叫一声,忙回头向刘邦报告:"前面有一大蛇挡道,请绕道而行吧！"刘邦醉意蒙眬，朗声大笑道："英雄豪气，所向披靡，区区一蛇，安敢挡吾道路？"说话间，拨开众人，仗剑前行，果见一巨蛇横卧路中，摇头摆尾。刘邦正欲用剑砍去，只见那白蛇道："我乃贵为天子，焉游四海，诛秦平分天下。"刘邦不允，白蛇道："你斩吧，你斩我头，我乱你头，你斩我尾，我乱你尾。"刘邦酒壮英雄胆，说："我不斩你头，也不断你尾，让你从中间一刀两断。"说罢一剑下去把白蛇斩为两段，顿时蛇血喷溅，染红了土地，至今这里长出的草还是红的。白蛇化作一股青气飘荡空中，喊道："刘邦还吾命来，刘邦还我吾命来。"刘邦道："此处深山野林怎还你命，待到平地准还你命来。"以后，刘邦扯旗造反，经过楚汉争霸，终于登上了帝王的宝座。公元9年，王莽篡权杀了汉平帝，把四百年的汉室分成两半。传说王莽乃是白蛇投世，至此也算还了刘邦所许之愿。

农夫和蛇

农夫和蛇　象牙雕

一个寒冷的冬天，农夫发现了一条冻僵的蛇。他很可怜它，就把它放在怀里，想让它暖和暖和。过了一会儿，农夫的体温让那条蛇慢慢地苏醒过来了。蛇恢复了本性，把农夫狠狠地咬了一口。蛇毒要了农夫的命，在临死前，农夫说："我真蠢，怎么能去可怜毒蛇呢？活该受到这种报应啊。"

这则寓言告诫我们要明辨是非，要分清善恶，只能把援助之手伸向善良的人。

李寄斩蛇

东越国闽中郡有座庸岭，高几十里。庸岭西北的山洞中有一条大蛇，长七八丈，大十多围，当地人时常担惊受怕。东冶的长官都尉和他所管辖的各县城行政长官，多有被大蛇咬死的。用牛羊祭祀，仍旧不能制止大蛇的危害。大蛇有时给人托梦，有时告诉巫、祝，要吃十二三岁的童女。郡、县的长官都为这事担忧。只是大蛇仍然无休止地肆虐逞凶。他们一同寻求人家奴婢所生的女孩子，连同罪犯人家的女孩子养着。到了八月初一祭祀，把童女送到蛇洞口，蛇就出来吞吃童女。多年这样，已经用了九个童女。将乐县的李诞，家里有六个女儿，没有儿子。他的小女儿名寄，要应征前往。父母不答应。李寄说："父母没有福气，只是生了六个女儿，没有生一个儿子，虽然有孩子跟没有孩子一个样。女儿我没有淳于缇萦帮助父母那样的功绩，既不能供养父母，白耗费了穿的吃的，活着没有什么好处，不如早点死了。"父母慈爱，终究不让她去。李寄自己偷偷地走了，没办法制止。

李寄去访求好剑和会咬蛇的狗。到了八月初一，她就到庙里坐下，抱着剑，带着狗。她先拿来几石糯米做的糍团，用蜜和炒米粉调灌糍团，把它放在洞口。蛇出来了，头大得像谷仓，眼睛像两尺长的镜子，闻到糍团的香气，先吃糍团。李寄就放出狗，狗跑上前就咬，李寄从后头将蛇砍出几处伤口。受伤的地方痛得很，蛇因此跳了出来，到了空地上就死了。李寄进去探看洞穴，找到九个童女的头骨，全都拿了出来，痛惜地说："你们这些人胆小软弱，被蛇吃了，很可悲，很可怜。"于是童女李寄缓缓迈步回到家里。

量人蛇

唐代裴铏《传奇·邓甲》："甲立坛，召蛇王，有一大蛇如股，长丈余，焕然锦色，其从者万条，而大者独登坛，与甲较其术。首隆数尺，欲过甲之首，甲以帽挂其杖而高焉。蛇首觉困，不万能逾甲之帽。蛇乃踣为水，余蛇皆毙。倘若蛇首逾甲，即甲为水焉。"

这是一种争强好胜，要与人比高低的蛇。比不过人，自己化为水，比过了人则人化为水。故事中的邓甲用手杖挑着帽子，总算比蛇高了一些，用机智战胜了蛇。

清代梁绍王《两般秋雨庵随笔》卷四载："广东琼州有量人蛇，长六七尺，遇人辄竖起量人长短，然后噬之。土人言此蛇于量人时鸣声曰'我高'，人亦应声曰'我高'，蛇即自坠而死"。

杯弓蛇影

从前有个做官的人叫乐广。他有位好朋友，一有空就要到他家里来聊天儿。有一段时间，他的朋友一直没有露面。乐广十分惦念，就登门拜望。只见朋友倚在床上，脸色蜡黄，乐广这才知道朋友生病了。询问得的什么病，朋友支支吾吾不肯说。再三追问后朋友才说："那天在您家喝酒，看见酒杯里有一条青皮红花的小蛇在游动。当时恶心极了，想不喝吧，您又再三劝饮，出于礼貌，就闭着眼睛喝了下去。从此以后，就老觉得肚子里有条小蛇在乱窜，总想呕吐，什么东西也吃不下去。到现在病了快半个月了。"乐广心想，酒杯里怎么会有小蛇呢？但他的朋友又分明看见了，这是怎么回事儿呢？

回到家中，乐广在客厅里踱来踱去，分析原因。他看见墙上挂着一张青漆红纹的雕弓，心里一动：是不是这张雕弓在捣鬼？于是，他斟了一杯酒，放在桌子上，移动了几个位置，终于看见那张雕弓的影子清晰地投映在酒杯中，随着酒液的晃动，真像一条青皮红花的小蛇在游动。

乐广马上用轿子把朋友接到家中，请他仍旧坐在上次的位置上，仍旧用上次的酒杯为他斟了满满一杯酒，问道："您再看看酒杯中有什么东西？"那个朋友低头一看，立刻惊叫起来："蛇！蛇！又是一条青皮红花的小蛇！"乐广哈哈大笑，指着壁上的雕弓说"您抬头看看，那是什么？"朋友看看雕弓，再看看杯中的蛇影，恍然大悟，顿时觉得浑身轻松，心病全消了。

后人用这则成语故事，比喻疑神疑鬼，妄自惊忧。

蛇的世界

蛇，属蛇亚目爬行动物。特征为无附肢（少数种类具后肢遗迹），左肺退化或消失，内部器官伸长。与蜥蜴类近缘，与之共同组成有鳞目，并可能自蜥蜴演化而来。有些蜥蜴的外貌与蛇很相似，体细长，无附肢，但蜥蜴具活动的眼睑和外耳孔，腹部鳞片小，而蛇的腹鳞多宽大且互相重叠，故易鉴别。蛇体长约12厘米至9.5米。体长范围很难确定。中东地区的线蛇是最小的种类，但栖居洞穴，很少见到，对之不甚了解；而最大的种类（亚洲的网状花纹巨蛇和南美的巨水蚺）则几乎都在达到最大长度前死亡。不同于鸟类和哺乳动物，蛇类终生在生长，但生长的速度逐渐减慢。无论是活蛇还是死蛇在量体长时身体均可拉长很多，故所量得的多非实际长度。

蛇在各大洲皆有分布，少数种类见于冬季较长的地区，而热带地区的种类最多。但世界上许多岛屿无蛇。蛇皆以其他动物，尤其是脊椎动物为食。最普遍的食物是哺乳动物、鸟、蛙，也吃蚯蚓、昆虫、鱼、鸟卵、其他蛇及蛇卵，有的甚至吃龟类。一般都是吞食整个猎物，其牙齿都不适于咀嚼。许多种类将活猎物吞下去靠消化液杀死。有的种类各自独立地演化出缢缩身体的方法以制服猎物。有的类群的唾液腺变成了毒腺，毒液从中空的或具槽的毒牙排出。蛇类卵生或卵胎生。大多无护卵或育幼习性。幼蛇孵出或生出后即能捕食。蛇的外形独特，少数有毒腺的蛇类又能使人中毒乃至死亡，故蛇是许多民间传说的主要角色。

铜头蛇 Copperhead

几种彼此间无亲缘关系但由于头部均呈微红色而得名的蛇。北美铜头蛇又称高原噬鱼蛇，见于美国东部和中部的沼泽、林区和多岩石地区，为蝰科蝮亚科毒蛇。因在眼与鼻之间有颊窝，故归于响尾蛇亚科。体长一般不足1米，红色或粉红色，背部常有红棕色滴漏形的横带斑，头铜色。以各种脊椎动物为食，在控制啮齿动物数量方面起重要作用。北美铜头蛇常咬人，但其毒性微弱，极少致人死亡。澳大利亚铜头蛇为眼镜蛇科毒蛇，见于塔斯马尼亚和澳大利亚南部沿海地区，平均体长1.5米。体色各异，一般为铜色或红棕色。毒性较大，但一般不会主动攻击人。印度的铜头蛇为三索锦蛇。

三索锦蛇 Elaphe radiata

俗名白花锦蛇、白花蛇，别名三索线、广蛇（泥广），我国"三有"保护野生动物。背面灰色或黄色，枕部有一黑色横纹，因头侧有三条

辐射状黑线纹而得名。体前半段有三四条黑色纵纹，上面一对比较宽，腹面淡褐色。主要分布在广西、广东、福建、贵州、云南等省区，体全长较大者可达两米，以蛙、蜥蜴、鸟、鼠为食。生活于海拔七百米以下的山地、平原、丘陵地带，多见于土坡、田基和路边，有时也闯进居民点内。

眼镜蛇 Cobra

眼镜蛇科几种毒性剧烈的蛇的统称。颈部肋骨可扩张而形成兜帽状。分布于非洲（大部分种类）和亚洲的温带地区。眼镜王蛇为世界上最大的毒蛇，分布于中国南部至菲律宾和印度尼西亚一带。下体长一般在3.6米以上，据报道有一条长达5.6米。有护卵习性，一次产卵20枚至40枚，置于树叶筑成的窝内。主要捕食其他蛇类，据知也曾追袭人类，但人被咬伤的报告不多。印度眼镜蛇体长1.7米。每年有几千人被印度眼镜蛇咬伤致死，主要原因是在晨昏时分该蛇潜入室内捕鼠时咬人。印度眼镜蛇分布在伊朗以东一带。印度眼镜蛇的颈部膨胀时异常宽大，上有眼镜形的斑纹，而其他地区的眼镜蛇颈部膨胀处呈环形或线条斑。东方的眼镜蛇毒牙前端有开孔，用以喷出毒液。

黑颈眼镜蛇广布于非洲，体小，亦能喷毒。毒液可准确地喷射入2米以外的受害者的眼内，若不及时清洗可导致暂时性或永久性失明。埃及眼镜蛇（大概即为古代所称的阿斯普）呈黑色，颈部膨胀时呈兜状，较窄，长约2米，广布在非洲大部分地区并向东分布至阿拉伯半岛一带，通常捕食蟾蜍和鸟。獴是眼镜蛇著名的天敌。

太潘蛇 Taipan (Oxyuranus Scutellatus)

眼镜蛇科爬行动物，澳大利亚最大的蛇，体长可达3.3米。背部褐色有棱嵴，腹部黄色，头小。分布于昆士兰东北部约克角，为少见种类，常出其不意连续向人猛咬。其毒肯蛇血剂，眼其几分钟内致人死亡。

黑蛇 Black Snake

几种全身黑色或接近黑色的蛇的统称。澳大利亚潮湿土壤地区的伊澳蛇，属眼镜蛇科。头小，蓝黑色，腹部红色，平均体长1.5米。如被激怒，则扩张颈部（眼镜蛇的示威方式）。其毒液多引起出血，对神经毒害不大，虽有多人被咬伤，但很少毙命。黑斑蛇产于澳大利亚内地东部地区。背上有浅色斑点，腹部蓝灰色。穆拉蛇广布澳大利亚北部和南方内地的干旱地区，个别蛇体长可达2.4米，背部呈略红的褐色，腹部粉红色。北美洲称为黑蛇的有黑脊游蛇和响导黑锦蛇。

环蛇 Krait

眼镜蛇科环蛇属，剧毒蛇的统称，12种。见于南亚的旷野地带。鳞片闪光，花纹醒目。典型种类身上有黑、白或黑黄色条纹，大部分有夜行性，通常捕食其他蛇类。印度环蛇分布于巴基斯坦、印度和中国之间，体长可达1.5米。常到住房周围活动，

蛇的世界

但很少咬人。一旦被咬，即或使用抗蛇毒素治疗，亦有半数致死。

毒牙蛇　Rear-fanged Snake

游蛇科爬行动物。上颌末端具沟毒牙。毒素从口后端释放沿毒牙流出。因不直接喷射毒素，故须咀嚼捕获物以保证毒素进入猎物体内。毒牙短小，一般对人无害。但非洲的某些种类如非洲树蛇和非洲藤蛇可使人致死。

响尾蛇　Rattlesnake

其特征为尾部具响环，摆动时发出声响。为一种颊窝蝰蛇。眼与鼻孔之间各有一具热感受能力的小窝，有助于捕捉猎物。响环由疏松连接若干角质环片组成，估计是一种警告器。响环每次蜕皮便增加一节，成体一般有6节至10节。响尾蛇有两属：侏响尾蛇属体小，头顶上有9块大鳞片；响尾蛇属的体型大小不一，因种而异，但头顶上的鳞片都很小。北美洲最常见的是美国东部和中部地区的木纹或带状斑纹响尾蛇、美国西部几个州的草原响尾蛇以及东部诸州的菱形背纹响尾蛇和西部菱形背纹响尾蛇。响尾蛇分布在加拿大至南美洲一带的干旱地区，体长差距悬殊，如墨西哥几种较小的种只有30厘米，而东部菱形背纹响尾蛇可达2.5米。多数种类的响尾蛇捕食小型动物，主要是啮齿类动物；幼蛇主要以蜥蜴为食。响尾蛇所有种类皆为卵胎生，通常一窝生十几条。与其他蛇类一样，响尾蛇既不能耐热也不能耐寒，所以热带地区的种类已变为昼伏夜出，暑天时躲在各种隐蔽处，冬天群集在石头裂缝中休眠。响尾蛇皆为毒蛇，对人有危害。毒性最强的是墨西哥西海岸响尾蛇和热带（或南美洲）响尾蛇。这两种蛇的毒液对神经系统的毒害最大。

猫眼蛇　Mangrove Snake

游蛇科林蛇属爬行动物，约30种。分布于热带非洲至澳大利亚和波利尼西亚群岛一带，常见于住房的地上或树上。多夜间捕食鸟类。毒性弱，毒牙生在口的后部。因瞳孔呈椭圆形，眼可能为绿色而有时被称为猫蛇或猫眼蛇。头短而宽，身体粗壮。马来半岛至菲律宾一带的黄环林蛇体表黑色，有黄色条纹，唇与喉部黄色，体长可达1.8米。印度和亚洲中部的伽马林蛇体长1.2米，褐色。自卫方法同于其他林蛇，将身体挺立呈"S"形，前半身膨胀，反复进攻。棕色林蛇产于澳大利亚北部和东部地区，身体固定在树枝时，能跨过很远距离攻击猎物。

猪鼻蛇　Hognose Snake

游蛇科猪鼻蛇属动物的统称，约有3种或4种。因吻端朝上，可用于拱土，即北美所谓吹气蛇，对人无害，但人常躲避之，受惊时头颈部变扁，攻击时发出很响的嘶嘶声（但极少咬人）。若恫吓失败，则翻转、扭摆，最后张口吐舌装"死"。主要以蛙类和蟾蜍类为食。在地下产卵15枚至27枚。分布最广的有东猪鼻蛇和西猪鼻蛇。体均粗壮，有斑纹，一般体长约60厘米。

游蛇　Racer

游蛇是几种体大、行动敏捷的蛇类的统称。蓝游蛇产于北美洲中部和西部，是缢缩游蛇（黑脊游蛇）的几个亚种。体色常为单色，如蓝色、蓝绿色、灰色或浅褐色，腹部常为黄色。东方的亚种叫黑蛇，全身黑色，只有颔和喉部为白色。所有亚种的幼体都有斑块或斑点。缢缩游蛇分布于加拿大南部至危地马拉一带。尽管其学名为缢缩游蛇，但实际上它并非用缢缩的方法缢死猎物，而是用盘曲的躯体的重量将猎物（常为小型温血动物）压倒，然后吞咽下去。游蛇体细长，尾尖，眼大，鳞片光滑。有的体长达1.8米。日间活动，为行动最快的蛇类之一，每小时可在地上和丛林里游动5.6公里。遭受攻击时摆动尾部，头部侧向运动，反复进攻，可将人的皮肤撕裂。

食螺蛇　Snail-eating Snake

游蛇科钝头蛇亚科和食螺蛇亚科的几种蛇类。牙长而细，上颌短，上颌牙用以固定螺体，下颌极长，可随意向前伸出，可伸入螺壳开口，再缩回时，下颌上的牙便将螺肉从壳里拉出。食螺蛇的特征为体小而细长，头大，夜间在树上活动。钝头蛇亚科有15种，常称为钝头蛇，产于亚洲东南部和印度尼西亚。钝头蛇属食螺蛇亚科，有60种，常统称为渴蛇，产于墨西哥至巴西一带。食螺蛇属最大，有32种，皆为后毒牙蛇。该亚科的南美钝头蛇体瘦，尾长，产于特立尼达。

食卵蛇　Egg-eating Snake

仅以卵为食的蛇，包括撒哈拉的5个种和印度东北部的韦斯特曼北印度食卵蛇。这几种组成游蛇科的食卵蛇亚科。体躯细长，体长约76厘米。专以卵类为食，口能大张，牙退化，以容纳大如鸡蛋的鸟卵。颈椎腹面有刺状突起，延伸入食管，用以划破卵壳。卵中的营养物质被挤入胃内，随后吐出卵壳碎片。大多数为树栖种类，卵生，每个卵分别产在不同的地方。

藤蛇　Vine Snake

游蛇科的几种毒蛇，身体特别细长，几乎呈索状。潜身树叶中捕食避役和其他小型脊椎动物。体长约1.5米。身体极轻，在树枝之间穿行时能半身腾空。非洲藤蛇呈绿灰色，杂有模糊的横带纹，舌黄色或红色，舌尖黑色，专用于引诱猎物；能咬人致死。

锉蛇　File Snake

游蛇科锉蛇属爬行动物，约15种，产于非洲。蛇身切面呈三角形，鳞片具棱嵴。体大，无花纹。夜间在地面上活动。无毒。捕食其他蛇类，包括毒蛇。非洲东部和南部的佛得角锉蛇专吃夜出的阿德蛇。

家蛇　House Snake

生活在住宅周围的几种蛇。在美国常把奶

蛇称为家蛇。非洲的家蛇属于游蛇科属，对人无害，以鼠为食。常见于屋檐或地席下，略呈黑色，体长一般不到90厘米。

噬鱼蛇　Moccasin

蝰蛇科响尾蛇亚科两种新大陆产水栖毒蛇的统称。特征为两眼与鼻孔之间各有一对红外线敏感的小窝。水噬鱼蛇栖于美国东南部多沼泽的低洼地带。因发威时张嘴露出口内的白色肌肉，看似棉花，故又称棉花嘴噬鱼蛇。体长约1.5米。褐色而有较深色的横带斑，或全黑色。体型大的成体对人有危害，若被咬伤有致命危险。受惊时在原地立起不动。几乎以所有的小型动物，包括海龟、鱼和鸟为食。墨西哥噬鱼蛇见于里奥格兰德至尼加拉瓜的低洼地带，被其咬伤很危险。体褐色或黑色，背部和身体两侧有窄的、不规律的苍白色线条斑。一般体长约1米。

束带蛇　Garter Snake

游蛇科束带蛇属爬行动物。有十几种。身上有条纹图案，如袜带。代表性的特征是身上有1条或3条纵向黄色或红色条纹，条纹之间夹着方格斑。条纹不明显或无条纹的种类通常称草蛇。至于该属究竟有多少种，在权威人士之间尚有争论。各种束带蛇鳞片的特征差异很小，而各地区代表种的颜色差别很大。束带蛇为加拿大至中美洲一带最常见的蛇类之一。西方的束带蛇比东方的更适应水栖生活。体小，一般不足60厘米，无害。受惊扰时，将头藏起，尾部蠕动，同时从肛门腺中排出一种难闻的分泌物。有些种类咬人。普通束带蛇进攻性较强，为北美洲分布最广的爬行动物。束带蛇主要以昆虫、蚯蚓和两栖动物为食，特别喜吃蛙类。所有的种类在繁殖和冬眠之前都大量群集。

水蛇　Water Snake

游蛇科游蛇属动物及类似的蛇类。有6种至80种。除南美洲外，见于各大洲。大多数种类躯体粗壮，体表有黑斑，或背部有条纹，鳞片呈脊棱形。半水栖，无毒，以咬杀方法捕食鱼和两栖动物。美洲水蛇常见于水中或水域附近，卵胎生，可产30条至75条幼蛇。欧洲水蛇对水的依赖性较小，卵生。该属所有种类的性情皆暴躁，自卫时，除头部膨胀，冲咬对手外，还从肛门腺中释放出一种难闻的分泌物。北美落基山以东有11种水蛇，代表种是北美游蛇，分布很广，各亚种的俗称不一。体褐色而带斑纹或带状斑，约长90厘米。因外貌与有毒的水栖噬鱼蛇相似，故亦常称噬鱼蛇。普通欧洲水蛇（草蛇）分布于欧洲西部（包括不列颠群岛）和北非至中亚一带。深绿色至黑色，通常背部有小黑斑点，身体两侧有短的线纹，头或颈两侧各有一白色、黄色或橘黄色斑点。有些个体的体长接近1.8米，但平均长度不到1米。欧洲至中亚一带的格花水蛇，以鱼为食。印度的龙骨背蛇，因背部鳞片有显著的棱嵴而得名。亚洲东部至日本一带的草地虎斑游蛇，大多数为深绿色或蓝色。

环箍蛇　Hoop Snake

游蛇科爬行动物。尾尖呈刺状，产于美国东南部，通常指泥蛇或彩色花蛇。美国民间传说中有一种蛇将尾含在嘴里，以极高的速度滚下山，尾上的毒刺能杀死所碰到的任何一种生物（如树、人）。事实上没有任何蛇能以这种方式滚动，也没有任何蛇的尾上有这种毒刺。传说中所说的蛇就是游蛇科尾部有刺的泥蛇或彩色花蛇。

环颈蛇　Ring-necked Snake

游蛇科爬行动物。体长达60厘米。常见于美国西部的木料和岩石下及整个墨西哥的高原。

以昆虫、蠕虫、蛙、蜥蜴、蝾螈和较小的蛇类为食。受惊扰时，身体蜷成一球形，将头蜷在中央，然后把尾竖起，显示红或黄色的腹部，以冒充更可怕的头。

巨蛇　Python

蟒科巨蛇亚科的蛇类有20—25种，分布于非洲西部至中国、澳大利亚及太平洋岛屿一带的热带和温带地区。中美洲的双色钩嘴蛇（短体巨蛇）有时归入巨蛇亚科。巨蛇无毒，以缠绕的方法杀死猎物。多见于水域附近，有些树栖。均卵生，产卵量取决于身体的长度，一般为15—100枚。许多种类的雌性孵卵60—80天。性迟钝，驯良。最大的巨蛇能吞下小山羊、小猪或小鹿，但一般仅捕食小猎物。生活在城镇地区的巨蛇常捕食鼠类。许多巨蛇被捕杀而取用其肉和皮。网纹巨蛇体细长，

上有斑点，分布于缅甸南部至印度尼西亚和菲律宾一带，常见于城区的河岸附近。其体长达8米，可能是世界上最长的蛇（蟒蛇的重量可大于巨蛇）。网纹巨蛇曾在印度尼西亚的萨莱巴布岛上吃过一个14岁的马来男孩。印度巨蛇广布亚洲南部，东至西里伯斯。其体粗壮，一般体长不及4米，偶达8米。马来亚、苏门答腊和婆罗洲的短尾巨蛇或称血巨蛇，微红色。非洲巨蛇亦称岩巨蛇，体长达7米。球巨蛇或称皇家巨蛇，仅分布赤道非洲西部，能将身体紧缩呈球形，头卷在最里边，并以这种姿势滚动，体长1.5米。

王蛇　King Snake

游蛇科属爬行动物，有7种。见于从加拿大东南部至厄瓜多尔的多种环境。因取食其他蛇类（包括毒蛇）而得名。借缠绞杀死猎物。大部对蝮蛇毒有免疫力。亦取食小型哺乳类、两栖类、鸟类及鸟卵。主要陆栖，行动缓慢，一次约产卵10枚。被逼于困境也反抗，但很快又转为驯顺。身上具醒目的斑纹，鳞片光滑，头、尾很小，一般体长不足1.2米。普通王蛇广布美国和墨西哥北部。通常体色黑或深褐，带各式各样的黄或白色环纹或斑纹。有的个体体长近2.1米。普通挤奶蛇，见于本属全部栖地，体长不足1.3米，身上有黑边的褐色环状纹或背纹，纹间为白色或黄色，传说能

挤牧场上乳牛的奶而得名（这传说也涉及多种蛇类）。常潜入畜舍和地窖捕食老鼠，故又称家蛇。猩红王蛇为美国东南部的小型种类。有几种蛇的身上有红、黄和黑色环斑，常被称为假珊瑚蛇。

亡。美洲洞蛇常与矛头蛇混淆，主要产于巴西，在多草地区数量极多。呈橄榄褐色或灰褐色而有深褐色的斑块。美丽矛头蛇褐色，身体两侧有清晰的又粗又黑的半圆形斑，斑的外围黄色。体长约1.2米，产于南美洲，为危险蛇类。跳蝮蛇产于中美，常主动攻击人，褐色或灰色，背部有棱形斜斑。一般体长约60厘米，能从地面跳起进攻，但其毒液对人并不特别危险。

加蓬蝰蛇　Gaboon Viper

蝰蛇科极毒的蛇，但一般较驯良，产于中非的热带森林，是非洲最重的蛇。体长达2米，体重8公斤。身体粗壮，头宽大，口鼻上有二角状凸起。身上花纹醒目，有浅黄色、紫色和褐色的长方形和三角形花纹。

矛头蛇　Fer-de-lance (Bothrops)

蝰蛇科响尾蛇亚科极毒蛇类。西班牙人称之为黄颔蛇。遍布美洲热带各地区。蛇两侧眼与鼻孔之间各有一小感觉窝。头宽大，呈三角形，一般体长1.2—2米。灰色或褐色，满布黑边的棱形花纹，花纹之间的交界处颜色略淡。人被咬伤可能致命。矛头蛇一名有时泛指中南美洲的洞蛇属和亚洲的竹叶青蛇属的各种毒蛇，如波布美洲洞蛇、跳蝮蛇和瓦格勒氏竹叶青。黄绿竹叶青体大，能主动攻击人，产于日本琉球列岛的奄美诸岛，常见于人类的住所。一般体长约1.5米，身上带有清晰的深绿色斑块，斑块可能相互连接形成一波形纵带。毒性不烈，但有时使人残废或死

绿蛇　Green Snake

几种身体绿色的蛇。在北美洲的两种绿蛇属于游蛇科翠青蛇属。驯良、无害、体细长，常生活在花园里。产卵。以昆虫和蜘蛛为食。光滑绿蛇常称绿色草蛇，体长约50厘米。粗糙或脊状鳞绿蛇因具树栖习性而常被称为藤蛇，体长约75厘米。非洲绿蛇也属游蛇科，腹部具脊状鳞，树栖生活。其他几种产于亚洲东部和南部地区。

竹叶青蛇　Medoggreenpit-viper

蝮亚科的一种，属于竹叶青蛇属。又名青竹蛇、焦尾巴。是一种美丽的毒蛇。全身翠绿，眼睛多数为黄色，瞳孔椭圆形，红色。半树栖性。常发现于近水边的灌木丛、山间溪流边。体长可达60—90厘米。喜居树上，多夜间活动。头大，呈三角形，颈细，尾短。头顶有细小鳞片。体背草绿色，最外侧的背鳞中央白色，白颈部之后有白色侧线，有的在白侧线内又有一条红侧线，但也有无侧线者。腹面淡黄绿色。

尾巴焦红色。食啮齿类动物、鸟类、树蛙、小型蜥蜴。主要分布于中国长江以南各省区。

灰蓝刻扁尾海蛇　Laticauda Colubrina

属海蛇科。体型细长，体长可达200厘米，体重0.5—1.5公斤。身体前部为圆形，后部至尾部逐渐变成侧扁。体背部青灰色，从头至尾有51—68个青灰黑色的宽横纹环绕蛇体。腹部黄色或橄榄色。生活在近海处，特别喜欢河口的地方。善游水，离开水则笨拙，呼吸时头伸出水面，换入新鲜空气后又潜入海水中，有趋光习性。主要以鳗类鱼为食。卵胎生，每次产仔蛇3—5条。海蛇是一种神经性毒蛇，主要含神经毒素，能麻痹被咬动物的横纹肌，人咬伤严重时可以致死。

白眉蝮　Gloydius Blomhoffi Siniticus

全长1米，重1.5公斤。头比较大，与颈区分明显，吻短宽圆。头背的小鳞起棱，鼻孔大，位于吻部上端。体背呈棕灰色，具有3纵行大圆斑，每一圆斑的中央为紫色或深棕色，外周为黑色，最外侧有不规则的黑褐色斑纹。腹部为灰白色，散有大的深棕色斑。生活在平原、丘陵或山区，主要栖息在宽阔的田野中，很少到茂密的林区去。夏季一般在丘陵地带活动，炎热时喜欢栖息在阴凉通风处。受惊时并不逃离，而是将身体盘卷成圈，并发出呼呼的出气声，身体不断膨缩，持续半小时之久。以鼠、鸟、蜥蜴为食，采用突袭方式，躯干前部先向后曲，猛然离地再向前冲并咬住猎物，咬住不放直至吞食下去。是中国剧毒蛇类之一，主要分布于中国福建、广东、广西，国外见于印度、巴基斯坦、缅甸、泰国等地。

尖吻蝮　Sharp-snouted Fu

蛇亚目蝰蛇科蝮亚科下的一个有毒单型蛇属。又称百步蛇、五步蛇、七步蛇、蕲蛇、山谷蝱、百花蛇、中华蝮等，是亚洲地区及东南亚地区内相当著名的蛇种，尤其在中国台湾及华南一带更是自古已备受重视的蛇类。目前未有任何亚种被确认。尖吻蝮在中国已知的分布地区有安徽南部、重庆、江西、浙江、福建北部、湖南、湖北、广西北部、贵州、广东北部及台湾省。国外只见于越南北部。

原矛头蝮　Pointed-scaled Pit Viper

生活于丘陵及山区，栖于竹林、灌丛、溪边、茶山、耕地，常到住宅周围如草丛、垃圾堆、柴草石缝间活动。中国川西牧区的剧毒蛇，吃鸟和小型兽类。卵胎生。头呈三角形，头长约为其宽的1.5倍，颈细，头背部有很多细鳞片。吻较窄，两鼻间鳞较小，隔有数片更小的鳞片。左右两眼上鳞之间一横排上有小鳞14—16片。鼻鳞与颊窝鳞前缘之间有小鳞。体长1米左右，体背颜色棕褐，在背部中线两侧有并列的暗褐色斑纹，左右相连成链状，腹部灰褐色，有多数斑点。有夜行性。

蛇景名胜

杭州西湖断桥

断桥位于杭州里西湖和外西湖的分水点上，一端跨着北山路，另一端接通白堤。

据说，早在唐朝断桥就已经建成，宋代称保佑桥，元代称段家桥。在西湖古今诸多大小桥梁中，它的名气最大。断桥之名得于唐朝。其名由来，一说孤山之路到此而断，故名；一说段家桥简称段桥，谐音为断桥。民间传说中白娘子与许仙相会就在这里，为断桥景物增添了许多浪漫色彩。现在的断桥，是1941年改建，50年代又经修饰。桥的东北有碑亭，内立"断桥残雪"碑。

杭州雷峰塔

雷峰塔位于杭州西湖南岸南屏山日慧峰下净慈寺前。雷峰为南屏山向北伸展的余脉，濒湖勃然隆起，林木葱郁。但民间因塔在雷峰之上，均呼之为雷峰塔。原塔共七层，重檐飞栋，窗户洞达，十分壮观。

雷峰塔因传说中禁锢了白娘子而闻名，是西湖的标志性景点。旧时雷峰塔与北山的保俶塔，一南一北，隔湖相对，有"雷峰如老衲，保俶如美人"之誉，西湖上亦呈现出"一湖映双塔，南北相对峙"的美景。每当夕阳西下，塔影横空，别有一番景色，故被称为"雷峰夕照"。至明朝嘉靖年间，塔外部楼廊被倭寇烧毁。因民间迷信塔基砖可辟邪，纷纷挖砖带回家中，致使塔于1924年9月25日倾圮。雷峰塔倒塌之后，不仅作为西湖十景之一的"雷峰夕照"成了空名，而且"南山之景全虚"，连山名也换成了夕照山。2002年，雷峰塔重建落成。

杭州柳浪闻莺

"柳浪闻莺"是西湖十景之五，位于西湖东南岸、清波门处的大型公园。民间传说《白蛇传》中的许仙与白娘子就住在这里。公园内分友谊、闻莺、聚景、南园四个景区。柳丛衬托着紫楠、雪松、广玉兰、梅花等异木名花。南宋时，这里是京城最大的御花园，称聚景园。当时园内有会芳殿和三堂、九亭，以及柳浪桥和学士桥。清代恢复柳浪闻莺旧景。由于这里黄莺飞舞，竞相啼鸣，故有"柳浪闻莺"之称。

镇江金山寺

"白娘子水漫金山"是《白蛇传》中最精彩的一折，从此，便有了"水漫金山"之说，

蛇景名胜

使金山名扬天下。不论是人以物传世,还是物以人扬名,"白娘子水漫金山"的故事里多次描绘了金山寺、白龙洞、法海洞、保和堂等镇江的名胜古迹,使镇江城和金山与"白娘子水漫金山"的故事结下了不解之缘。

金山寺在江苏省镇江市西北长江南岸的金山上,始建于东晋明帝时。金山寺布局依山就势,使山与寺融为一体。金山之巅矗立着慈寿塔、江天一览亭、留玉阁,大、小观音阁围绕山顶,七峰亭、妙高台、楞阁台等环绕山腰,法海洞、仙人洞、白龙洞等镶嵌山壁,大雄宝殿旧址、天王殿、藏经楼、念佛堂、方丈堂依傍山顶。各种建筑以曲廊、回檐和石级相连,形成楼上有塔、楼外有阁、阁中有亭的"寺裹山"的奇特格局。

武汉蛇山

蛇山位于湖北省武汉市武昌区,因山体蜿蜒,形似伏蛇,故名。亦称黄鹄山。它头临大江,尾插东城,与汉阳龟山隔江相峙,一般海拔40米,最高海拔85米,面积约0.5平方公里。现存的胜迹有:胜象宝塔、陈友谅墓、岳飞亭、抱冰堂、长春观、滴月台、黄兴铜像和许多重要的石刻、碑刻等。驰名的亭台楼阁有黄鹤楼、白云楼、八极楼、静春台、奇章台、半老阁、留玉阁等。山上有侧柏、刺槐、女贞、法桐约

八十余种树木,郁郁葱葱。三国吴黄武二年(223年)在其上筑夏口城,晋太康元年(280年)在此立县。历代名人如崔颢、李白、白居易、贾岛、夏竦、陆游、陈孚、杨慎、张居正、潘丰等先后登临游赏,行吟作歌,留下了"寒花媚幽石,疏林带高阁"、"桃花深处暖云浮,隔树红妆倚翠楼"等名句。

大连蛇岛

蛇岛于辽宁省大连市旅顺口西北的渤海湾中。全岛长1.5公里,宽0.8公里,面积约1.2平方公里,海拔215.5米。蛇岛原名礁腊,当地人称为蟒山,也称小龙山。蛇岛是个孤岛,岛上有蝮蛇。蝮蛇一般长60—70厘米,大的可达94厘米。蝮蛇的蛇头和蛇牙特别大,为有毒蛇。据考察统计,全岛有蝮蛇一万多条。蛇岛气候温和,雨量适宜,盛夏无酷暑,隆冬少严寒,夏秋多湿润,季节变化较平缓,这就为蝮蛇的繁殖生长提供了良好的条件。虽然岛上供蝮蛇食用的动物很少,但每当春秋时节,候鸟经过蛇岛时,蝮蛇便大量地捕食。捕鸟时,蝮蛇把自己的身躯曲成"之"字形,头部微微抬起冲向天空,保持一触即发的姿态等在那里。一旦小鸟从头上掠过或落在树上,它的身体前部就像弹簧似的朝上冲去,一口把小鸟咬住,然后慢慢吞入腹内。每蝮蛇在捕食季节能捕食40—50只鸟。

千岛湖蛇岛

千岛湖蛇岛,原名五龙岛,岛上有四个蛇池。蛇池内有水池、喷泉、土丘、灌木丛、洞

穴、冬眠室等，放养了十几个品种的二三百条蛇，多数是毒蛇，如蕲蛇、蝮蛇、五步蛇、竹叶青、眼镜蛇、美女蛇、蟒蛇等。管理人员用蛙、鼠饲养它们，在实验房中则取蛇毒，剖蛇取胆供制药和进行科学实验。盘缠在草丛和树上的蛇群，有的争食斗殴，有的昂头吐芯，使游人惊叹不已。鹿岛原名清心岛，四周碧波拍岸，绿树成阴，来自东北的梅花鹿在此安家落户。岛上建有观鹿长廊、鹿舍、割茸房、凉亭等，游人可用鲜嫩的叶子喂食温顺的鹿群。猴岛原名云蒙列岛，在大小不等的六个岛上放养了二百余只猴子，既是科研基地，又是旅游景地。游人登岛以仪器喂猴、逗猴，享受一番难得的猴趣。

漳湖镇蛇王庙

樟湖镇位于福建省南平市延平区东南部。樟湖镇蛇王庙，俗称"福庆堂"，也称"连公庙"。始建于明代，是"闽蛇崇拜民俗"重要载体之一，也是当地信众举行民俗活动的主体场所。蛇王庙依山傍水，重檐翘角，气势宏伟，古朴古色。殿前屋脊的正中，一条蟒蛇塑像昂视前方；屋檐翘角处和屋檐下的如意斗栱，分别雕有形状各异、神态逼真的蛇头。

关于蛇王爷的来历，当地有一种传说。蛇王姓连，原是一条大蟒蛇，经过修炼得道于古田的再见岭，荫庇一方。某年樟湖地区发生可怕的大霍乱，死了很多乡民，后来派人祈求蛇王。次日突然一条大蟒蛇出现于樟湖天空，口吐焰火，驱除了瘟疫。乡民得救，后立庙奉为菩萨。从此香火不断，并于每年农历七月七日举行蛇王节，以为纪念。

2005年，樟湖崇蛇民俗被列入第一批省级非物质文化遗产名录，同时蛇王庙也被列入省级第六批文物保护单位以及涉台古代建筑。

古猗园镇蛇亭

古猗园，上海五大古典园林之一，位于嘉定区南翔镇，风格与苏州的拙政园比较接近，是江南古典园林的奇葩。它始建于明朝万历年间（1573年—1625年），早先为私家宅院，由擅长竹刻、书画、叠石的朱三松设计布置。因园内广植绿竹，园名取自《诗经》"绿竹猗猗"句，故名"猗园"。此后，几经周折，清乾隆十一年（1746年）为叶锦购得，大规模地重修和改建之后，取其由前朝园林沿袭之意，更名"古猗园"，沿用至今。

古猗园的中心地带为鸳鸯湖，九曲桥拦腰浮于湖面，横越鸳鸯湖。桥面中部是造型玲珑剔透的湖心亭，又名镇蛇亭。

南京玄武湖

玄武湖，位于南京市东北城墙外，由玄武门和解放门与市区相连。1909年辟为公园。当时称元武湖公园，还曾称五洲公园、

后湖等。

"玄武"是中国神话故事中的四神之一，其形象是龟与蛇的复合体。玄武和青龙、白虎、朱雀共同代表着东南西北四个方位，玄武为北。玄武湖因位六朝京城之北，所以初期的名称又叫"北湖"。

兰屿青蛇山

兰屿，是一座热带火山小岛，位于我国宝岛台湾台东县，被称为全台湾最美的地方。这座因海底火山喷发隆起而形成的火山岛，大部分为山地，仅海岸附近有较缓和的平地。岛中央的红头峰海拔548米，北部有海拔438米的青蛇山、海拔494米的杀蛇山。全岛周长38公里，海岸线十分曲折，多被隆起的珊瑚礁所环绕。

雅美人是台湾高山族中唯一居住在岛上的族群。中日甲午战争后，兰屿随同台湾岛被迫割让给日本。1897年，日本人组织的"红头屿调查队"，在经过5天勘探后，认为兰屿岛无开发价值，而将此岛列为人类学原始民族研究地区，禁止外人移入，使其与外界隔绝。所以，至今雅美族人保留着自己的传统生活习俗。

齐齐哈尔蛇洞山

蛇洞山风景区位于黑龙江省齐齐哈尔市碾子山区西部4.5公里，占地面积300公顷，最高峰龙峰海拔406米，是国家"AA"级风景区。景区由青石崖、蛇洞山、龙峰、佛尔寺及西河园等景观构成。区内峰峦起伏、怪石嶙峋，各景点错落有致、浑然一体，龟、牛、蛙、龙、狮、虎、猿等奇石异景千姿百态，形象逼真。尤其是天然大佛，头像高4米、宽3米，其形酷似如来佛，已被齐齐哈尔市佛教协会考证为"全国罕见"。

深圳蛇口

蛇口位于深圳南头半岛，是一个美丽的海滨小城。

相传很久以前，天上有九个太阳，相互嬉闹，烤得人间寸草不生，民不聊生。后来有个叫后羿的青年，一怒之下，拔箭连射下八个太阳，正要射第九个时，心中一犹豫：没有太阳，庄稼可怎么活呢？箭头一偏，不料射中一条行善数万年的九头神蛇。蛇落南海，九头不死，化作九曲美丽的港湾，成为今天一个花园般的城市——蛇口。

浙江蛇村

浙江省德清县子思桥村只有八百多人，却养殖着三百多万条蛇，用来食用或做医疗用途，其中有几十万条是剧毒的蝮蛇和眼镜蛇。由于养殖的蛇质量好、品种全、数量多，吸引了越来越多的外地收购商来买蛇，子思桥村因此被称为"蛇村"。

湖南永州异蛇村

湖南永州异蛇村，以唐代文豪柳宗元《捕蛇者说》开篇第一句"永州之野产异蛇"而取名，位于永州市芝山区富家桥镇。东临潇水河畔，南接双牌，西靠南

岭山脉之羊毛岭，北至永州市区15公里，207国道从村中经过。该村创建于1993年，建成年产200吨异蛇酒生产线。利用传统秘方和现代酿造技术相结合酿制的"银环牌"永州异蛇酒，酒质上乘，功效独特，具有益气活血、祛风除湿、滋补阴阳、强身健体、增强人体免能力和抗疲劳能力等作用，多次被评为国家级金奖，被国家卫生部批准为"保健食品"，畅销全国十多个省市，远销日本、泰国、加拿大。该村集特种养殖、加工、贸易、科研、旅游为一体，被人们誉为"永州第九景"。到异蛇村观光旅游的客人，可以观赏各类蛇的活动，品尝蛇血、蛇酒、蛇肉，选购蛇酒、蛇药，并享受到优质的服务。异蛇村已成为闪烁在潇湘大地上的一颗明珠。

孙叔敖理蛇岭

孙叔敖（公元前约630年—公元前593年），楚国期思县人（期思县治在今淮滨县期思镇），曾出任楚国令尹（楚相）。

期思镇西南不远，有一座丘陵，地方史志称其为"敦蛇丘"，老百姓叫"埋蛇岭"，列为县中八景之一。而古诗"居人尤指埋蛇冢，过客重寻卧草碑"之句，也提到了这个地方。据说这是孙叔敖留下的一处遗迹，跟孙叔敖童年时的一段故事有关。

相传孙叔敖少年时，曾遇两头蛇，时俗认为见此蛇者必死，他想：要死只我一人，不要再叫旁人看见。于是，他斩杀了这蛇，埋入山丘。其品德为族人赞佩，受到了后人的传颂和尊崇。

马来西亚蛇庙

在马来西亚西部马六甲海峡的槟城，有一

座建于1850年的庙宇。这座庙的奇特之处在于供奉着大大小小几百条活蛇，因此被当地人称为"蛇庙"。

蛇庙正名叫福兴宫，山门刻"青云岩"，供奉清水祖师（宋末抗元英雄陈昭应的法号，晚年隐居福建安溪县为僧，1109年卒于清水岩，乡人立庙祀之），是安溪陈姓华侨从家乡清水岩传衍来的。

据说1795年前后佛诞时，青蛇进庙偷吃香客供奉的食物，驱之不去，越聚越多，长者一米多（当地人称之为"青龙"），小者如蚯蚓，盘伏于神龛、香案、烛台、花瓶、梁柱上，状极恐怖。这些青蛇都是毒蛇，但仿佛受过训练，白天静卧不动，既不怕人也不害人，俨然显出修炼成"仙"的慈善模样，任人膜拜，从不伤人。蛇庙香火常盛不衰，游客络绎不绝，因而成为马来西亚十大名胜之一。

金蛇狂舞

"蛇"的绘画

两城镇西王母、伏羲、女娲画像　东汉　1976年山东出土　微山县文化馆藏

"蛇"的绘画

搏击画像 西汉 1973年河南出土 南阳汉画馆藏

画左一人戴冠，着长衣，双手执钺，钺折人仰，欲倾于地。右一人冠抛于空中，瞪目张口，手执长剑力斩身前的长蛇。画面似为"高祖斩蛇"，但与《汉书·高帝纪》中记述不尽相同，这可能是汉代艺术家新的艺术表现手法的尝试。

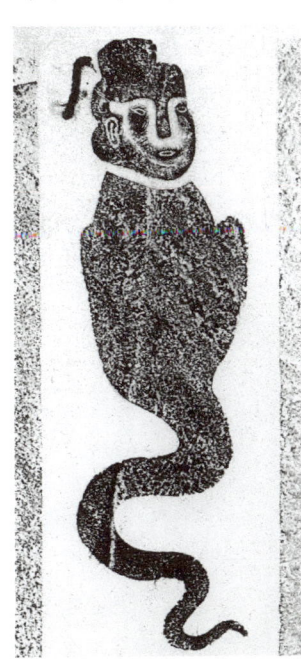

伏羲画像 东汉

左图为陕西出土，以平面减地线刻，再用墨线勾勒的一幅伏羲图。画面上的伏羲人首、蛇躯、未露爪。

右图为河南出土，伏羲人首、蛇躯、虎爪，双手拥华盖，盖柄束绶带，四周饰云气。

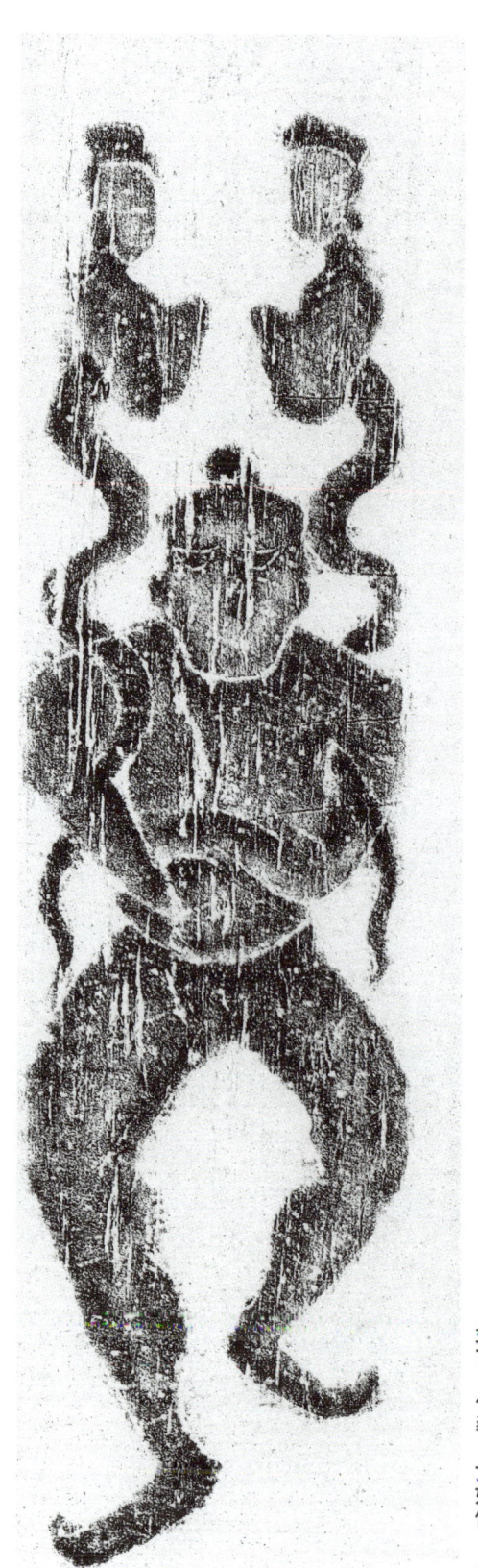

伏羲画像　东汉

盘古、伏羲、女娲像　东汉

武士御玄武　北魏　洛阳博物馆藏

五毒图 立轴 清代 罗聘作

「蛇」的绘画

巳蛇　现代　齐白石作

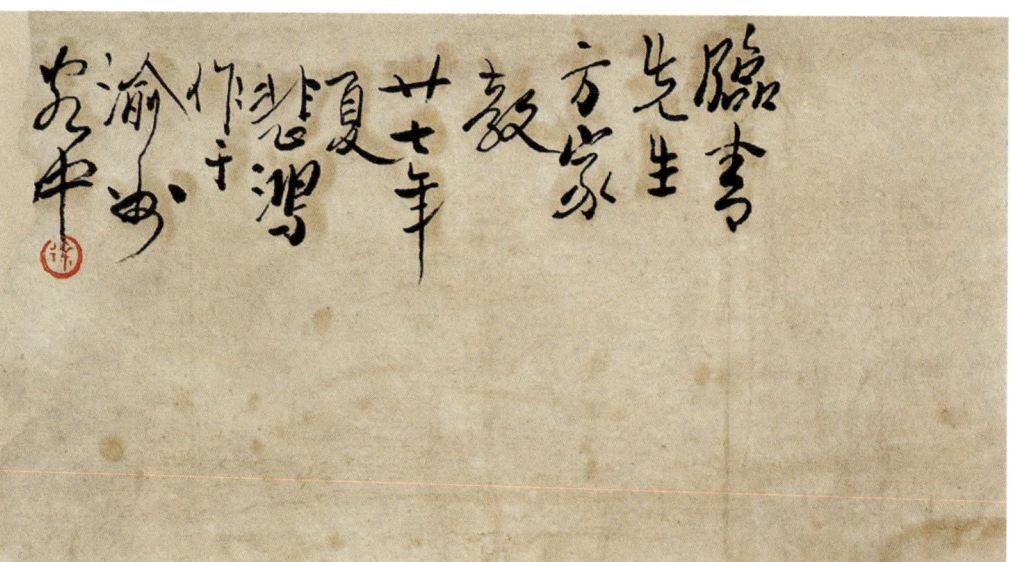

狮蛇图 现代 徐悲鸿作

天籁藏道 现代 范曾作 　　**竹蛇图** 现代 张大千作

金蛇　现代　方楚雄作

「蛇」的绘画

吹蛇笛者　现代　石鲁作

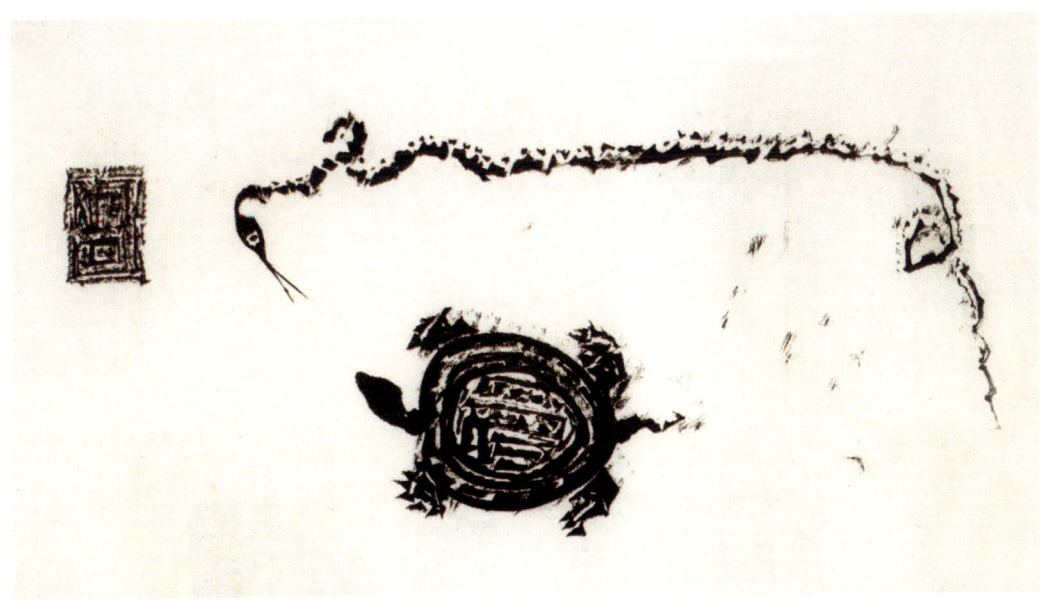

龟蛇图　现代　石鲁作

五毒图 现代 张充和作

生肖信笺　现代　马晋作

"蛇"的雕塑

蛇纹彩陶罐 新石器时代 马家窑文化马厂类型

泥质橙黄陶。侈口,直颈,胎薄,平底。口缘内侧以黑彩画双线五角纹饰。颈饰黑彩雷电纹。腹以黑红彩绘团蛇五条,其中一条有长方形呈哑铃状蛇头。纹饰绚丽对称,优美流畅。本品生动地表现了蛇昂首,身绕成饼状,准备抵御外来攻击的一瞬间的景象。

「蛇」的雕塑

彩绘陶壶
夏家店下层文化　内蒙古自治区敖汉旗大甸子出土
中国社会科学院考古研究所藏
　　这件陶壶的盖为半圆形，盖顶的把手是蛇头形，器盖和器身均用红白两色绘出卷曲纹图案。

妇好鸮尊　商代
河南安阳殷墟妇好墓出土
中国国家博物馆藏
　　出土时有两件，形制相同，成对放置，口下内有铭文"妇好"二字。尊腹部为蛇纹。

玉人首蛇身像　红山文化

玉雕蛇塑像　兴隆洼文化

蛙蛇纹尊　商代
1971年广西恭城秧家出土
中国国家博物馆藏

侈口，鼓腹，圈足。腹最大径偏下。颈饰双蛇噬蛙花纹，以云纹为地，上下夹以点状纹、联珠纹等。腹亦作双蛇噬蛙花纹，蛇首及蛙凸起，其下分别有蛙、蜥蜴、虺蛇，并间以柱形物，柱顶立一鸟，以雷纹衬地。其下又缘以联珠纹、云纹、点状纹等。

此尊纹饰繁复，富有地方色彩，为不可多得之作。同出另一尊，形制相类，但没有动物形花纹。

彩绘木雕蟠蛇漆卮　战国早期　荆州博物馆藏

盖上雕8条蟠蛇，4条红蛇头向盖顶正中，4条黄蛇头向盖缘四周。卮身四周雕12条蟠蛇。器表满髹黑漆，漆内髹朱漆。蛇的头、身和鳞片以朱、黄漆绘出。

彩绘透雕漆座屏　战国中期　湖北省江陵望山一号楚墓出土　湖北省博物馆藏

此件屏座为木质，两端着地，中部悬空，底座浮雕蛇、蟒，座上的长方形外框内透雕各种动物。整座漆屏共雕刻有51个动物，其中有大蟒20条，小蛇17条，蛙2只，鹿、凤、雀各4只。座屏周身髹黑漆，并用朱红、灰绿、金银等色漆彩绘凤纹等图案。这件漆座屏髹饰精美，动物形态逼真，构图生动，堪称战国漆器中的精品。

蟠蛇纹鼎　春秋中期
1975年山西闻喜上郭村采集　山西省考古研究所藏

镂空蟠蛇纹鼎　春秋中期

蟠蛇纹簠　春秋晚期

青铜剑鞘　战国
云南曲靖市文物管理所藏

　　青铜剑鞘下部的椭圆形处的中间有一个蛇头向下的一头两身的蛇纹饰。这一个蛇头两条蛇身中间共有7个由小向上逐渐大的同心圆孔纹饰。7个同心圆中间凸起一圈无纹饰，外圆的一圈上面是切线圆圈纹。圆孔两侧都是对称的蛇身纹饰图案和两根长方形剑鞘的脊，其上饰有勾连雷纹。其外侧两边共有16条蛇纹装饰图案，两边的各两条成蛇上面都有一条幼蛇，两条成蛇的下面各有5条幼蛇，两边成蛇下的10条幼蛇向最宽处的4条成蛇按上大下小有序地排列而上。剑鞘通体除勾连雷纹外，都是采用古滇文化艺术里的蛇纹图案和同心圆及切线圆圈纹图案作装饰。中间7个圆孔饰外都是对称等多的蛇纹装饰图案和对称的两根剑鞘脊。剑鞘通体的图案既对称又谐调，工艺虽然复杂，铸造却精美异常，展示了云南曲靖当时当地少数民族的艺术才能和青铜冶铸技术的高超。

彩绘透雕漆箭箙　战国中期　湖北省江陵沙冢一号楚墓出土　湖北省博物馆藏

此箭箙已残，木雕尚好。箭箙外框内透雕以雀为中心的双凤和双兽，外框上缘浮雕双蛇纹饰。器物外框髹朱漆，雀和凤的羽毛、兽身及蛇身的斑纹都在黑漆地上用朱漆绘成，显得鲜丽生动。

蛙蛇形水勺　商代

「蛇」的雕塑

蟠蛇纹鼎　春秋中期

青铜北丹戈蛇纹鼎　商代

雌雄蟠蛇纹青铜镜
西周

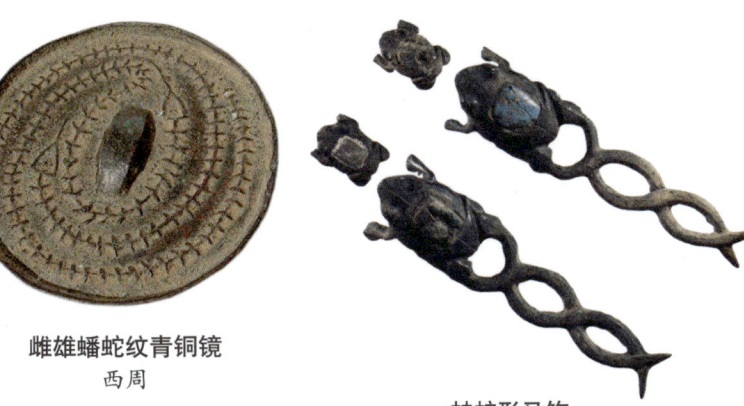
蛙蛇形马饰
战国早期　四川省博物馆藏

镂空蛇纹鞘短剑

蛙蛇斗　战国

攫蛇铜鹰 战国中晚期 安徽省博物馆藏

蛇噬蛙纹青铜尊

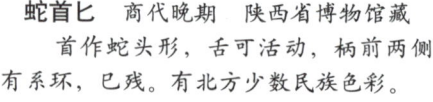

蛇首匕 商代晚期 陕西省博物馆藏

首作蛇头形，舌可活动，柄前两侧有系环，已残。有北方少数民族色彩。

蛇形玉佩 战国
河南三门峡虢国墓地陪葬品

青玉，淡绿色，玉质温润，透明。蛇呈弧状弯曲，单面雕刻，双目圆睁，口吐芯，尾向内弯曲，身上有三竖平行的鳞纹。蛇芯、蛇背中部有两个穿孔。穿孔是单面钻孔，正面孔小，背面孔大。双目为浅浮雕，鳞纹为浅浮雕，蛇身上三条竖纹为阴线纹。

蛇纹鸮尊 美国明尼阿波里美术馆藏

「蛇」的雕塑

玄武瓦当　新莽　上海博物馆藏

瓦当自周代已有,战国流行半瓦当,秦代由半圆向全圆过渡,而汉代则流行圆瓦当。瓦当的装饰分为动物、文字、卷云等几类。青龙、白虎、朱雀、玄武为四神,分别代表着四方和四季,以四神做瓦当装饰纹样在汉代有辟邪的意思。玄武,是一种由龟和蛇组合成的一种灵物。

蟠蛇纹剑鞘　西周早期
1974年北京房山琉璃河出土
首都博物馆藏

鞘身饰镂空蟠蛇纹。系柳叶形短剑之鞘,原内部应有皮革或木片。

古玉蛙蛇摆件　汉代

灰陶蛇

百越盘蛇噬蛙带钩　秦汉

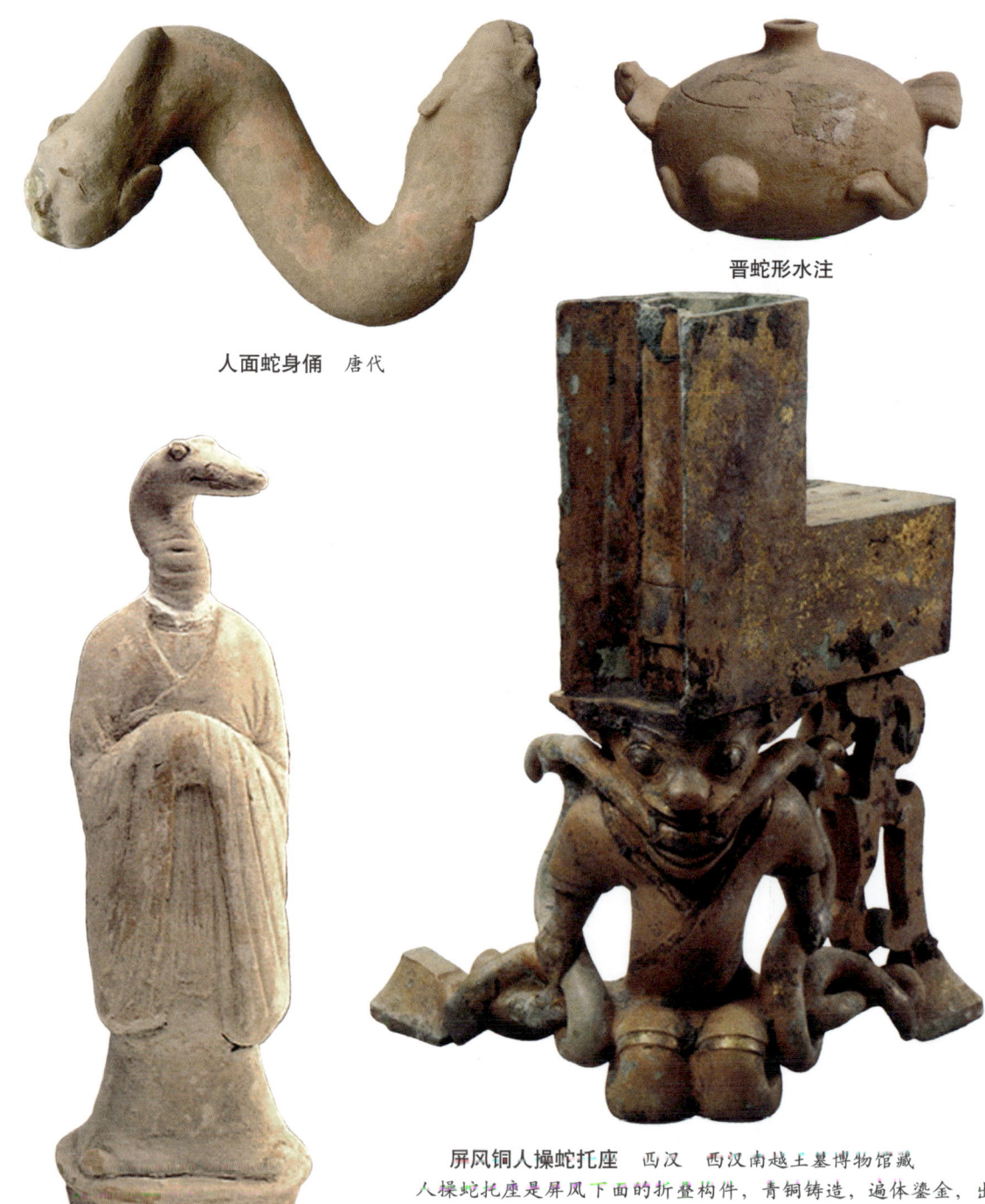

人面蛇身俑　唐代

晋蛇形水注

十二生肖蛇俑　唐代
陕西省博物馆藏

屏风铜人操蛇托座　西汉　西汉南越王墓博物馆藏

人操蛇托座是屏风下面的折叠构件，青铜铸造，遍体鎏金，出土共有两件。托座分上下两部分，上半部分是一个直角形的构件，用来套合屏风。下半部分是一个越族大力士抓住五条蛇的形象，力士两眼圆瞪，眼珠外突，鼻短而高，口衔一条两头蛇，身着短袖上衣，下体着露膝短裤，赤着双脚，双手抓蛇，双腿夹蛇，四蛇相互缠绕，向左右延伸。外连一组云纹。

南方多蛇，古代越族人有抓蛇、食蛇并以蛇为图腾的习俗，越人操蛇象征着祛邪辟恶。

"蛇"的雕塑

人首蛇身交尾俑　唐代

龟蛇形砚　宋代

双人首人面蛇　唐代

耍蛇俑　宋代

白玉人面蛇身摆件

蛇形网状铜器　西汉
云南省文物考古研究所藏

青铜蛇挂饰

灰陶十二生肖蛇俑　隋代

青白釉褐斑两头蛇　宋代　景德镇窑

两头蛇即一身二人首的蛇。本器蛇身所附两个人首，一上一下，与常见平躺、两头左右昂起的一类不同，造型奇特，有类图腾柱的设计，是非常富有现代感的一件古代雕塑。胎细白。座底无釉，部分呈火石红色。底无通气孔。通体施青白釉，缀以褐斑。釉开细碎片纹。类似釉色的器物在江西省景德镇湖田和珠山有出土。

据说这类蛇常二首争食，自相啄啮，是蛇中的畸形品种。在希腊神话中有 Gorgon 三蛇发妖怪，头发由多条小蛇组成，见到她的任何一个人都会变成石头。汉贾谊《新书·春秋》："（孙叔敖）泣而对曰：'今吾见两头蛇，恐去死无日矣。'"

在唐宋墓中常常放置陶瓷制造的两头蛇，大抵取其凶猛，可以驱邪镇墓、保卫主人的意思。常与十二辰神像、跪卧俑、文武官俑、四灵、人首鱼和谷仓等器物组成一完整的冥器系列。由这些陪葬的物品大抵可窥见宋代的葬俗和宗教思想。

褐斑双首蛇　宋代　磁州窑系

蛇身蜷曲，两首朝相反方向，平卧。人首五官刻画生动、夸张，眉粗大而弯，耳宽且长。蛇身呈黄褐色，以褐彩纹带11道作饰。胎灰白，厚重，坚硬。造型生动，活泼可爱。

「蛇」的雕塑

蛇形石砚

双头人面首蛇身卧姿陶俑　宋代
雅安博物馆藏

三彩夫妻双头蛇身俑　宋代

金翅鸟（迦陵频伽） 明清 铜鎏金 西藏

形制奇特，头上有两只角向上翘起，头发为上竖的火焰状，并有日、月、星辰的图案作装饰。双眼怒目圆睁，两手抓住一条长蛇，尖形的鸟嘴正啄食毒蛇。全身裸露，鼓腹，腰间围一树叶组成的璎珞裙，脚踩两条绞在一起的蛇，但蛇的两端各站一合掌礼供的菩萨。整个神像的构造和工艺都很精巧，是大鹏护法神像的上乘之作。

蛇形玉佩 清代

「蛇」的雕塑

龟蛇红丝砚　现代　高星阳制

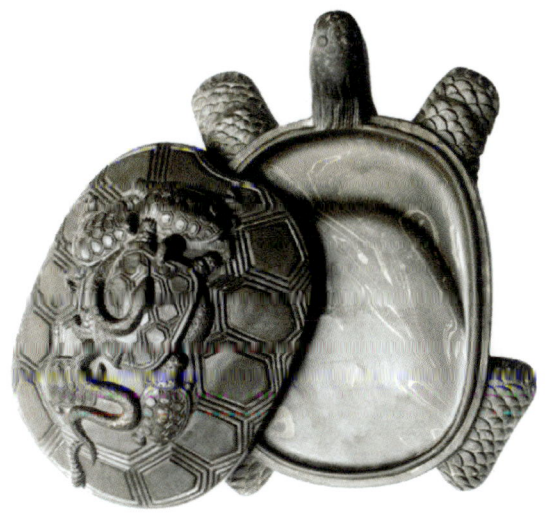
龟蛇砚　现代

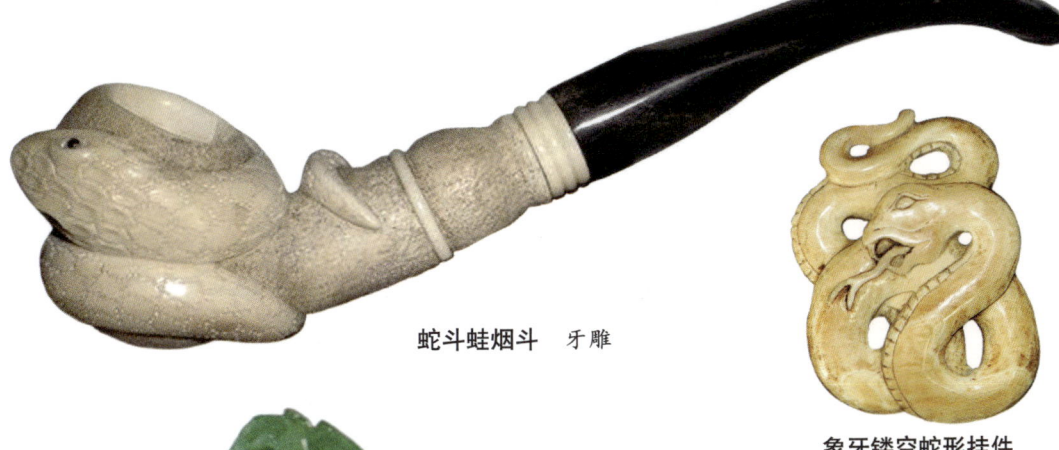
蛇斗蛙烟斗　牙雕

象牙镂空蛇形挂件

鹰蛇斗　翡翠雕

四喜发财　玉雕

"蛇"的篆刻

帝纹印
铜印 战国
鸟头，熊身，一条蛇围于腰部，在当时也许是祥瑞之兆。

神人操蛇印 铜印 战国

玄武 汉代

伏羲印 汉代

龟蛇印 汉代

滇王之印 西汉
金印重约90克。蛇纽，蛇首昂起，蛇身盘曲，背有鳞纹。西南多蛇，故以此为特征著名的"滇王之印"、"汉委奴国王"两金印均作蛇纽。

蛇印 古代

蛇印 古代

蛇 现代 来楚生作

蛇 现代 孙其峰作

龟蛇钮古印

生肖蛇 现代 来楚生作

「蛇」的篆刻

蛇印　陈可可作

蛇印　现代　徐庆华作

蛇　现代　永生作

蛇　现代　矫毅作

巳蛇　现代　王志敏作

生肖蛇

生肖蛇　现代　陈冠英、张维萍篆刻

"蛇"的陶瓷

半山类型神人 马家窑文化纹浮雕蛇纹罐

神人纹浮雕蛇纹罐,半山类型。彩陶罐的器腹膨圆,器形最宽处在腹中部,表现出半山类型中期彩陶罐的特点。在罐的正、背、左、右四面各绘一神人纹,神人纹的四肢和掌指展开,作舞蹈状。在四个神人纹之间,各饰一条浮雕的蛇,作蜿蜒向上爬行状,蛇身和外侧饰锯齿带纹。这件有着人蛇相谐造型的彩陶罐是一件寓意深奥的原始艺术珍品。

双耳蛇纹瓶 马家窑文化边家林遗址出土

网格蛇纹四扇双耳瓶
马家窑文化半山类型

半山类型神人 马厂类型蛇纹罐

「蛇」的陶瓷

红陶黑彩螭蛇兽首符号纹四系立罐
战国

　　该件四系立罐，为红陶质地，胎质稍粗、较松，有少量细沙粒，手感不沉。该罐为立圆形，两头细，中间粗，立口沿，表面有三层阴刻纹饰，上部为8枚眼状纹饰，4枚乳丁纹（似为眼珠）；中部为9组符号纹饰，每一组似为一个三角形太阳和两只半圆的月亮，纹饰交错，上下颠倒；下部为11组几何形纹饰，分别为菱形和三角形。该罐上部塑有对称的两枚兽首，其下各为一对缠曲蛇纹饰。

明洪武年款
青花釉里红人物纹蛇耳花口瓶

刻花蛇纹罐
现代　耀州窑

五代绿釉贴龟蛇纹波浪耳瓶

青花九蛇纹瓶　清代

耀州窑刻花蛇柄壶　北宋

蛙蛇争斗　现代　陶艺

影青塑龙凤龟蛇罐

"蛇"的年画

白蛇传 戏曲年画

十二属相蛇　藏族

白蛇传　现代　福建泉州

　　图写西湖初夏,柳绿花明,山亭、寺塔等古迹引人入胜。描绘了白蛇与许仙同游于湖畔,遇雨借伞之一幕。题材取自民间小说《雷峰塔传奇》,表现峨眉山白蛇与青蛇修炼成形化作美女,在杭州西湖遇许仙动思凡之心,而引出的一场曲折的爱情故事。

「蛇」的年画

白娘子与许仙　现代　金梅生作

"蛇"的玩具

蛇 泥 陕西凤翔

蛇 泥 陕西凤翔

毛绒大头蛇

蛇 烧土泥哨 贵州黄平 苗族

十二生肖蛇
泥咕咕 河南浚县

「蛇」的玩具

绒布蛇

蛇　烧土泥哨　贵州黄平　苗族

白蛇传　泥　陕西凤翔

毛绒蛇

蛇虎 山西绛县

民间传统观念视虎为吉祥物、保护神。蛇在民间信仰中亦有特殊地位，俗称为"小龙"。这件玩具将蛇与虎巧妙地融为一体，虎的勃勃生气与蛇的盘虬姿态形成鲜明对比。

「蛇」的玩具

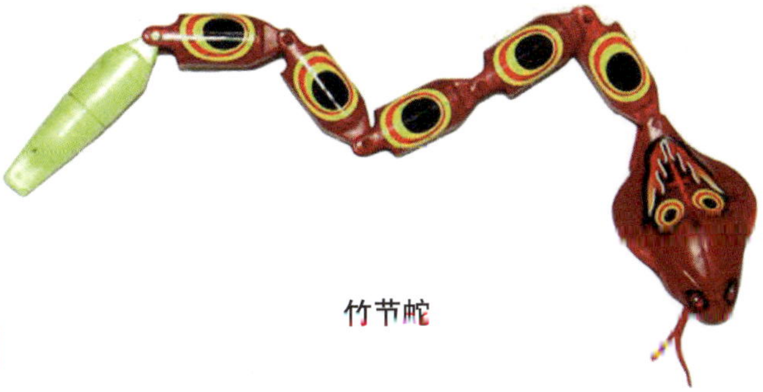

竹节蛇

蛇 绒布

蛇 塑料

木制玩具蛇

毛绒蛇

毛绒蛇

木仿真蛇

毛绒蛇

蛇拼图 木

"蛇"的用具、用品

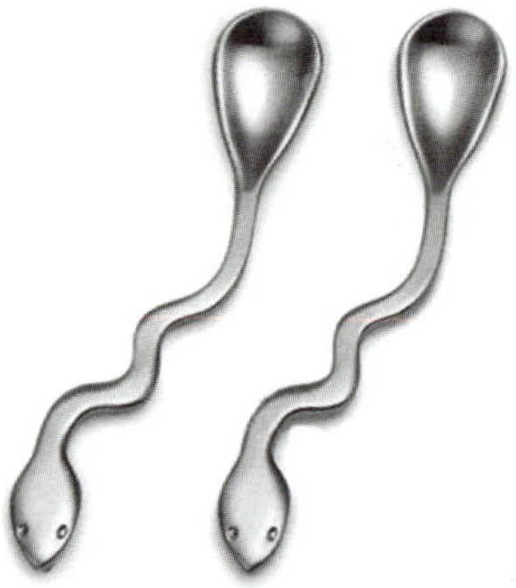

蛇形咖啡勺

蛇形装饰太阳镜

蛇生肖茶叶罐

蛇形蜡烛

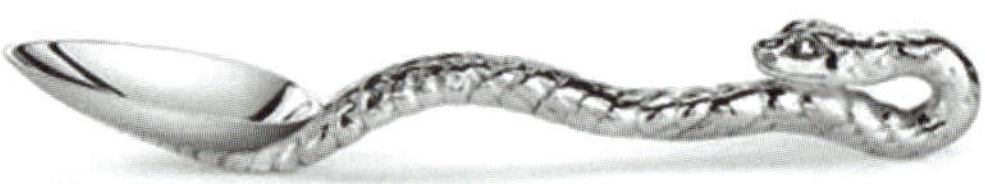

蛇形台灯

蛇形勺

蛇形灯

蛇形剑

犀角镶蛇纹木手杖

蛇形椅

「蛇」的用具、用品

蛇形酒吧凳

蛇饰杯

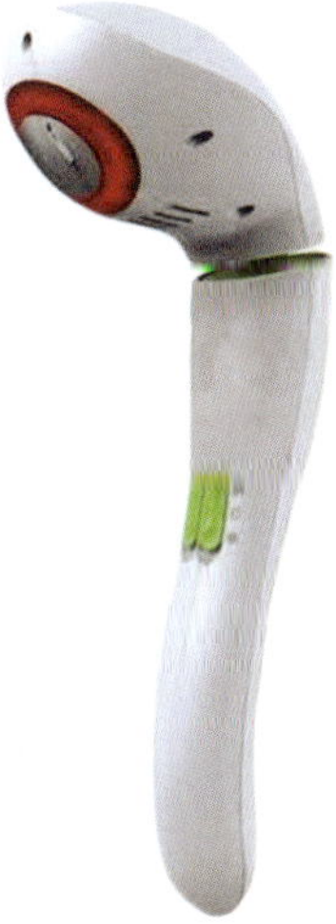

蛇形按摩棒

蛇形灯

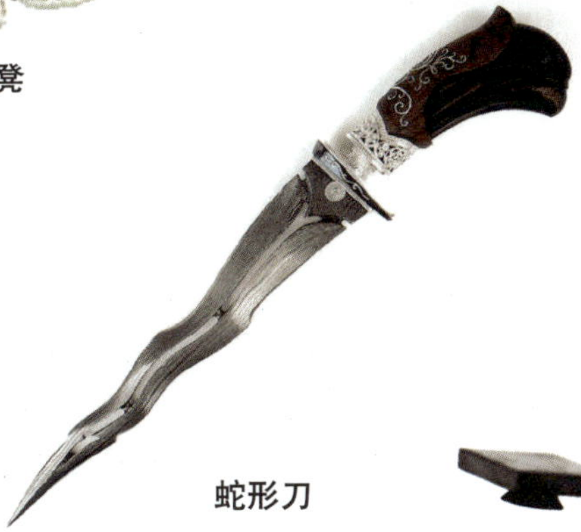

蛇形刀

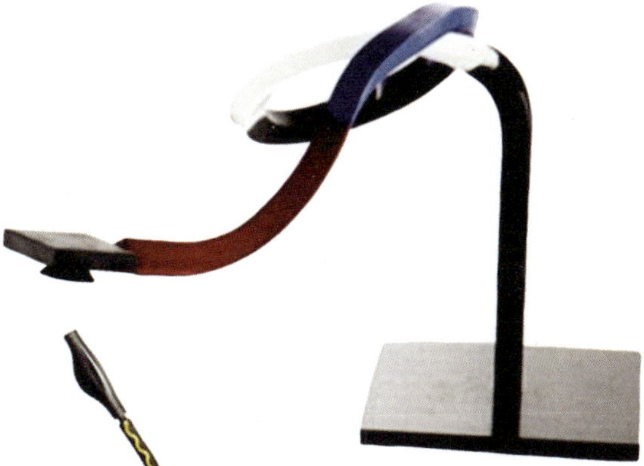

蛇形灯

蛇饰盒

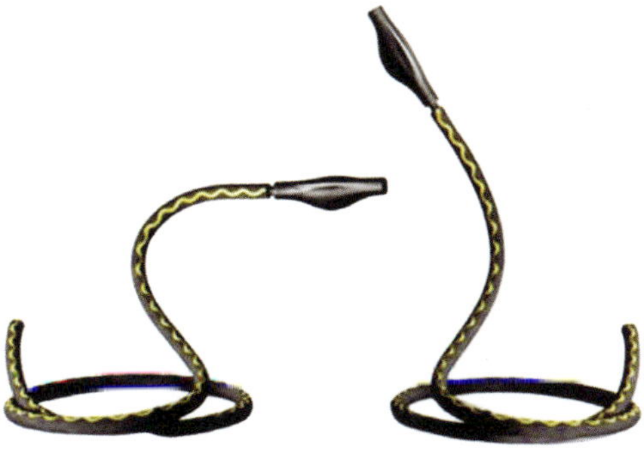

蛇形灯

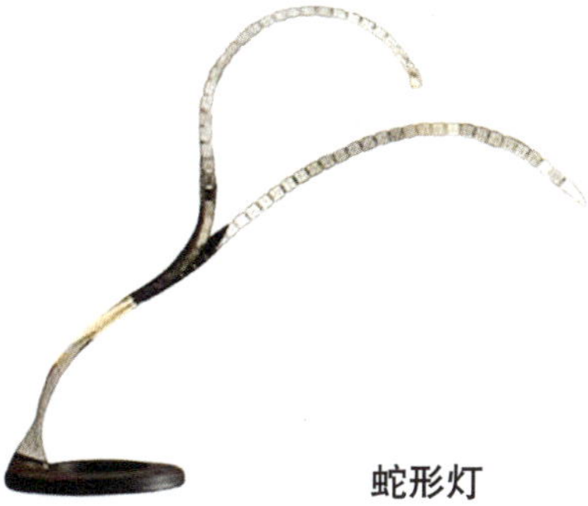

蛇形灯

蛇形装饰太阳镜

高山族木雕蛇形足杯

蛇形饰品

黄金钻石蛇形戒指

蛇形珐琅袖扣

蛇形戒指

蛇形钻戒

蛇形钻戒

珠宝表

蛇形钻戒

蛇形手镯、腕表

蛇形戒指

蛇形戒指

蛇形饰品

玫瑰珍珠蛇形手镯

玫瑰金三环手镯

蛇形手镯表

蛇形手镯

蛇形手镯

纯银蛇形戒指

金蛇形手镯

纯银绿松石戒指

蛇形扣皮带

纯银蛇形戒指

拼色镶水晶蛇形戒指

乌木镶嵌钻石蛇形手镯　　纯银镶黑玛瑙蛇形手镯

蛇形戒指　　多重蛇形手镯　　蛇形耳坠

蛇形项链　　古典蛇形手环　　水钻蛇形鞋花　　蛇形戒指

蛇形饰品

双色珐琅亮彩手镯

蛇形戒指

蛇形手镯表

缟玛瑙指环

蛇形戒指

蛇形镶钻戒指

蛇形项坠

蛇形手镯表

蛇形珠宝

蛇形项链

时尚蛇形手镯

红色水晶、沙金石和石榴石组成的蛇形项链

蛇形戒指

银色再生皮多层蛇形女式腰带

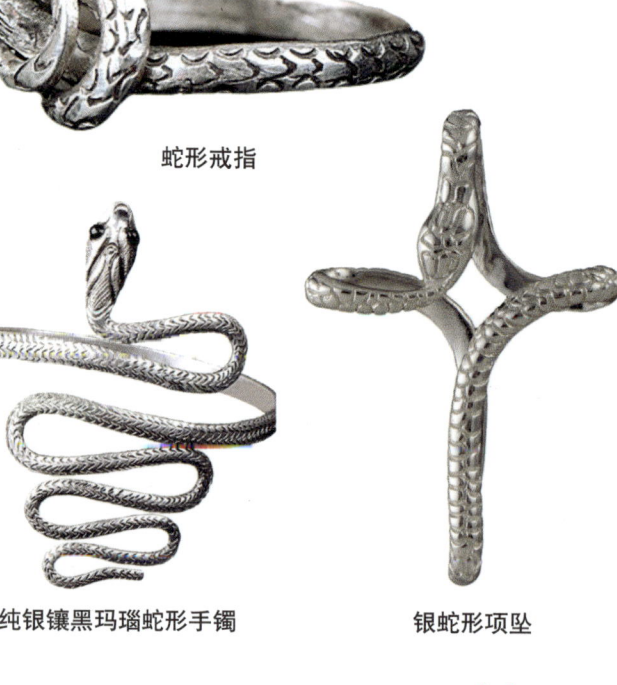

蛇形戒指

施华洛世奇蛇形水晶耳环

纯银镶黑玛瑙蛇形手镯

银蛇形项坠

蛇形佩饰

蛇形饰品

蛇形手镯

蛇形戒指

蛇形项链

蛇形手镯

蛇形礼服套链

钻石蛇形戒指

蛇形设计三色水晶胸针

蛇形手镯

蛇形项坠

时尚红绿色蛇形搪瓷手镯

蛇形首饰

蛇皮时尚

蛇皮是六大常见皮革中最薄的一种，独特的鳞片具有一种天然的珠片光泽，而本身的图案亦成为一种诱惑，极佳的着色能力更使它能够随着潮流不断变幻出时髦的色彩。

装饰蛇皮肩包　英国

Gucci 金色蟒蛇皮女士腰带　意大利

浅粉色蟒蛇皮手拿晚宴包　英国

蛇皮旅行鞋箱　瑞士

黑色蛇皮牛仔风格短靴

蛇皮时尚

水蛇皮手拿包　意大利

蛇纹缠绕高跟鞋　意大利

巧克力色蛇皮桶包　英国

Gucci 天然多色蟒蛇皮手袋背包
意大利

蛇皮绑带复古手提袋　美国

眼镜蛇皮配水蛇皮手包　意大利　　蟒蛇皮高跟凉鞋　意大利　　Gucci 蛇皮高跟鞋　意大利

仿蟒蛇皮纹皮革系带厚底休闲鞋　美国

蛇皮男士轻便鞋　意大利

耐克仿蛇皮旅游鞋　美国

蟒蛇皮手袋　意大利

黑色水蛇皮菱格纹手袋　法国

手拎蛇皮手袋　意大利

蟒蛇皮女士手袋　英国

蛇皮时间

拼白色蛇皮高跟鞋　意大利

蛇皮9cm高跟凉鞋　意大利

蛇皮高跟凉鞋　意大利

蛇皮女士手袋　法国

蛇皮配水晶扣晚宴包　英国

金色蛇皮配水晶头骨配饰女鞋　英国

蟒蛇皮女士手包　意大利

软蟒蛇皮腰带　英国

水蛇皮肩背包　意大利

蟒蛇皮手提包　意大利

"蛇"的剪纸

蛇 民国 西北

十二生肖蛇 陕西宝鸡

人身十二生肖蛇 山东高密

蛇 河北蔚县

"蛇"的剪纸

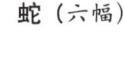

蛇（六幅）

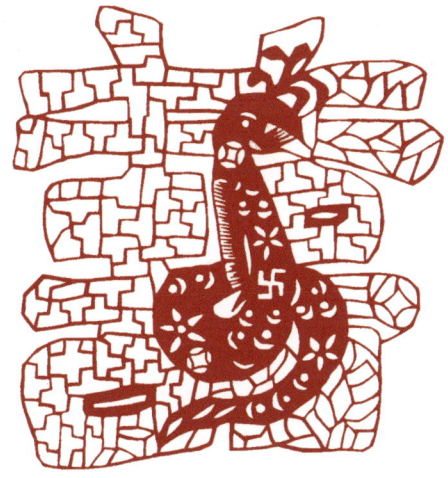

生肖双喜蛇　山东高密

蛇盘兔

生肖蛇　江苏南京

双蛇牵牛花　陕西

蛇　窗花

葫芦镇五毒　山东蓬莱

吉祥蛇

蛇盘兔

生肖蛇　山西永济

长寿生肖蛇　山东高密

蛇　窗花

蛇盘兔

童子十二生肖蛇　山东莱州

蛇　灯花　陕西

「蛇」的剪纸

生肖蛇　山东年平

生肖纪岁蛇　陕西

生肖蛇　山西永济

蛇　陕西　周苹英剪

蛇盘兔　甘肃漳县

生肖蛇　窗花
山西永济　张行吉藏

儿戏生肖蛇　河北

蛇盘兔

「蛇」的剪纸

剪除五毒　北京

名财生肖蛇　山东高密

童子十二生肖蛇　山西

蛇　窗花

蛇　窗花

蛇吸雀　甘肃漳县　杨环娃剪

生肖蛇　陕西　周苹英剪

坐莲娃娃蛇盘兔

蛇盘兔　山西平定

"蛇"的火花

 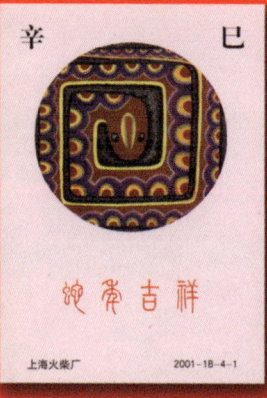  

"蛇"的磁卡

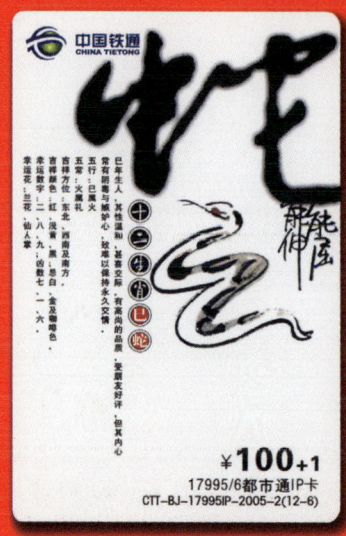

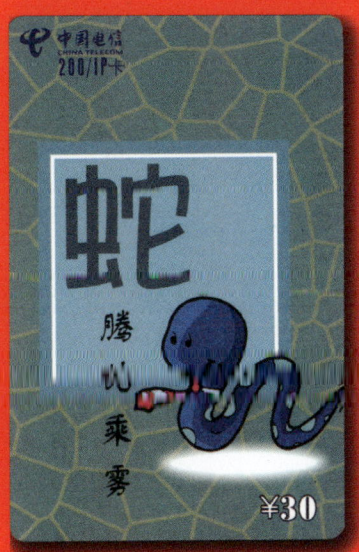

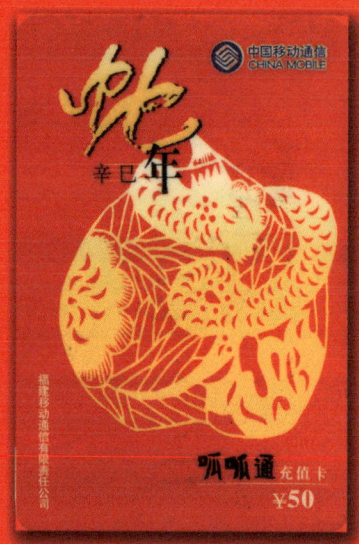

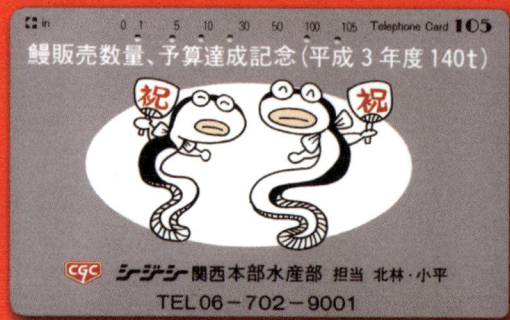

"蛇"的卡通

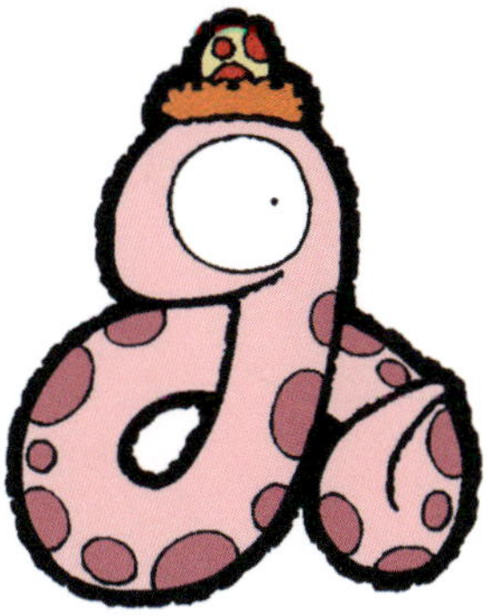

『蛇』的卡通

癸巳贺岁

「蛇」的卡通

「蛇」的卡通

"蛇"的古代纹饰

殷墟中期好鸮尊腹部的蛇纹

西周早期兽面纹簋圈足的蛇纹

殷墟晚期方鼎口沿上的蛇纹

蟠蛇纹　西周或春秋铜器

蟠蛇纹　西周或春秋铜器

春秋晚期青铜邵钟鼓部的蛇纹

春秋铜盉盖上的蛇纹　安徽繁昌出土

"蛇"的古代纹饰

伏羲女娲（人身蛇尾）
画像石 汉代
江苏徐州出土

夏代环形蛇体龙

蟠龙、蛇纹 西周或春秋铜壶

龟蛇纹 铜器 汉代

魏墓画像壶上的蛇纹

玄武纹 铜镜 汉代

汉漆画上的蛇纹

玄武纹 瓦当 汉代 陕西出土

汉代伏羲女娲纹

汉代伏羲纹

汉代盘古伏羲女娲纹

隋代石刻玄武纹

唐代李嗣墓志盝顶石刻十二生肖蛇纹

唐代杨执一墓志石刻十二生肖之蛇

唐或五代金腰带上的十二生肖蛇纹　四川什邡县出土

北魏元晖墓志石刻四神纹之玄武纹

宋代石刻四神纹之玄武纹

汉代铜镜上的玄武纹

唐代尉敬德墓志石刻十二生肖蛇纹

汉墓内棺上的蛇纹

台湾高山族蛇图腾

"蛇"的古代纹饰

"蛇"的图案

蛇的画谱　杨治国、沈康、杨新安编绘

蛇的装饰图案　宝克孝绘

蛇的装饰图案　宝克孝绘

蛇的装饰图案　郑军绘

「蛇」的图案

蛇的装饰图案　郑军绘

蛇的装饰图案　郑军绘

附　记

20世纪蛇年大事记

中国农历乙巳年
(1905.02.04—1906.01.24)

2月16日，俄国侵占中国新疆巴尔鲁支山地区，继续进兵喀什噶尔。

2月23日，日俄沈阳大战开始。日军投入兵力约25万人，俄军约30万人。3月1日，日军总攻沈阳，俄军大败。10日，日军占领沈阳。

3月11日，法国巴黎地铁通车。

3月15日，日本"满洲"军总司令部迁入沈阳。

4月3日，中国近代民主革命家、《革命军》作者邹容在上海英租界狱中牺牲，时年20岁。

1903年，上海"《苏报》案"发生后，邹容自首入狱，被英租界当局判刑2年。1912年2月，南京临时政府追赠邹容为大将军。

5月8日，清政府查禁《浙江潮》、《新民丛报》、《新小说》、《中国自由书》等书刊。

5月10日，由于美国胁迫清政府续订苛待华工的条约，上海工商界召开商务总会会议，议决反对美国迫害华工，抵制美货，提出"全国誓不运销美货以为抵制"。由此，以上海为中心爆发了全国性的大规模反美爱国运动。在全国各阶层人民的压力下，美国与清政府未敢续订条约。

5月27日，日俄对马海峡之战开始。俄国从欧洲调来增援的第2、第3太平洋分舰队，在海军中将罗热斯特文斯基的统率下驶入对马海峡时，遭到日本海军联合舰队的突然袭击。俄国舰队被日本海军彻底击溃，几乎全军覆灭，仅余1艘巡洋舰、2艘驱逐舰，逃到海参崴。

6月27日，俄国黑海舰队中的铁甲舰"波特金号"起义。

6月30日，瑞士美籍德国人爱因斯坦发表关于《运动媒质的电动力学》一文，首次提出狭义相对论的基本原理。9月，爱因斯坦揭示了质量和能量的相对性。同年又提出光是由一个个的量子组成的，这种光量子除了有波的性状外，还有粒子的特性（后来称为光子），从而圆满地解释了光电效应。

7月19日，孙中山自欧洲到达日本横滨，开始筹建同盟会。8月20日，中国同盟会在

日本东京召开成立大会。该会由兴中会、华兴会及光复会部分成员联合成立，以"驱除鞑虏，恢复中华，创立民国，平均地权"为纲领，推举孙中山为总理。

8月13日，挪威举行全民投票的结果显示，368208的挪威人要求独立。挪威和瑞典分立后，需要一位新的国王，于是选择了丹麦国王的次子卡尔亲王。11月18日，卡尔亲王成为挪威国王，即位后改名哈康国王。

9月2日，清政府决定自1906年起废止科举。

9月5日，日俄双方接受美国调停，在美国签订《朴次茅斯和约》。和约共15条，主要内容为：沙俄承认朝鲜为日本的

保护国，将在中国的南满铁路、旅顺和大连的租借权转让给日本，割让库页岛南部给日本。《朴次茅斯和约》是日俄帝国主义重新瓜分中国东北和朝鲜权益的和约。1945年该和约废除。

9月9日，数千人在意大利卡拉布里亚地震中死亡。

9月11日，日本三笠号战舰在佐世保市附近发生弹药爆炸，256人丧生，343人受伤。

9月15日，奥匈帝国布达佩斯工人举行盛大示威游行，要求改革选举制度。

9月24日，革命党人吴樾在北京正阳门火车站，炸清廷出洋考察宪政的"五大臣"。

10月26日，俄国彼得堡工人代表苏维埃成立。

10月30日，俄国尼古拉二世颁发《10月17日（俄历）诏书》，宣布公民享有言论、集会自由。

11月26日，中国同盟会机关报《民报》在日本东京创刊。胡汉民、张继、章炳麟、陶成章、汪精卫等先后任主编或署名主编。曾同《新民丛报》展开激烈论战，严厉驳斥改良派的保皇立宪立场。在发刊词中，孙中山第一次将同盟会16字纲领概括为民族、民权、民生的三民主义。1908年10月，被日本政府查封。

12月8日，陈天华为抗议日本政府《取缔清国留学生规则》，决心以死激励大家"共讲爱国"，留下绝命书一封，在日本横滨大森海湾投海自尽，时年30岁。生前著有《猛回头》、《警世钟》等。

12月10日，德国细菌学家罗伯特·科赫，因发现结核菌和结核菌素，获诺贝尔生理学及医学奖。此前，科赫已因在炭疽病、霍乱、昏睡病和鼠疫领域内的发现而闻名于世。对引起肺结核病的杆菌的研究，达到了他献身于根治疫病事业的顶峰。

12月20日，莫斯科工人举行总罢工。

12月22日，清政府与日本签订《中日东三省事宜善后条约》，被迫承认沙俄侵占的东北南部的全部权益转让给日本。

12月22日，莫斯科十二月武装起义开始。30日，起义遭到残酷镇压。

12月，由于外国殖民当局侵犯中国司法主权，上海罢市。

中国农历丁巳年

(1917.01.23—1918.02.10)

1月31日，德国宣布实行无限制的潜艇战。自1915年2月4日，正式宣布用潜艇对英国实行封锁至1916年末。120艘德国潜艇每月

击沉总计30万吨位的船只。仅在本年4月，德国就击沉了不小于87.5万吨位的船舰。

2月1日，《新青年》杂志发表陈独秀的《文学革命论》。

2月3日，德国潜艇击沉美国"豪桑图尼克"号船，美德断绝外交关系。

2月4日，美国照会北京政府，要求中国与其采取对德一致行动。

2月20日，美国将德国大使驱逐出境，并召回驻德大使。

3月3日，段祺瑞主持国务会议，通过对德绝交案。14日，北京政府宣布对德断交。

3月12日（俄历2月27日），俄国爆发"二月革命"。禁卫军沃伦团教导队士兵起义。是日晚，革命工人和士兵逮捕沙皇众大臣，控制首都。布尔什维克党发表《告俄国公民书》，宣告沙皇政府垮台。14日，莫斯科起义工人和革命士兵占领克林姆林宫。莫斯科苏维埃会议召开。同日，彼得格勒举行统一的工兵代表苏维埃会议。15日，俄国沙皇尼古拉二世签署退位宣言，结束罗曼诺夫王朝的统治。

4月6日，在第一次世界大战中保持中立的美国，经众议院、参议院表决以压倒多数通过参战决议案，正式对德国宣战。美

国预计投入100万兵力，军费30亿美元。此前，美国已于2月3日德国击沉美船"豪桑图尼克"号后，宣布断绝与德国的外交关系。

4月9日，俄国彼得格勒约10万工人和士兵，响应布尔什维克党的号召，举行示威，导致临时政府第一次政治危机。

4月24日，美国第一支参战的海军舰队驶离波士顿赴欧洲作战。6月26日，美国首批远征军抵达法国圣纳札伊尔。11月30日，美国陆军第42师抵达法国。

5月1日，国务会议通过对德宣战案，黎元洪拒绝在参战书上签字。

5月23日，黎元洪下令免去段祺瑞国务总理及陆军总长兼职。7月，段祺瑞重掌北京政府大权。

5月29日，安徽省长倪嗣冲通电宣布与北京政府脱离关系。冀、鲁、豫、陕、奉、浙、闽七省相继宣布独立。

6月7日，张勋在德、日支持下，率5000辫子兵自江苏徐州北上，逼迫黎元洪离职。7月1日，张勋拥清朝废帝溥仪复辟。溥仪发布"即位诏"，并将是日改为"宣统九年五月十二日"。此举大失人心，段祺瑞借机组织讨逆军，攻入北京。7月12日，张勋兵败，

逃入荷兰驻京使馆。溥仪再次宣告退位。

6月13日，美国第一批参战部队乘船前往法国。

7月6日，冯国璋取代黎元洪，就任代理大总统。

7月12日，张勋兵败，段祺瑞重任国务总理，拒绝恢复《临时约法》和国会。

孙中山即以"拥护约法，恢复国会"为号召，率驻沪海军及部分国会议员到广州。8月25日，国会非常会议在广州召开，国会议员150余人出席，孙中山到会祝贺。

7月16日，俄国彼得格勒50万工人、士兵举行示威游行，反对临时政府，遭到当局镇压，死伤

400余人，史称"七月事件"。此后，临时政府独掌政权，布尔什维克党被迫转入地下，积极筹备武装起义。

7月31日，英军在第3次伊普尔战役中，未能实现突破，伤亡40万人。

8月14日，北京政府宣布对德奥宣战，废除中德、中奥条约，收回天津、汉口德奥租界。

9月1日，孙中山被选为中华民国政府大元帅。10日，孙中山就任大元帅，军政府宣布成立。孙中山领导

滇军、粤军以及部分桂军、黔军、湘军、川军等，抗击段祺瑞的军事进攻，击败进入湖南和四川的北洋军阀军队。

9月1日，德军在里加战役中突破俄军防线。

10月3日，中国军政府大元帅孙中山通令宣布冯国璋、段祺瑞政府乱国盗权罪状。

10月20日，国内第一家自建百货大楼先施公司在上海正式开张。

11月6日，日美两国照会中国政府，要求承认《蓝辛石井协定》。这一《协定》是在中国不知情的情况下，由美国国务卿蓝辛和日本特使石井菊次郎签定的。主要内容为：日本尊重美国在中国的门户开放政策；美国承认日本在中国、尤其是中国与日本领土接近的地方有"特殊利益"。9日，中国政府声明，不承认这一协定对中国的约束。

11月7日（俄历10月25日），俄国爆发"十月革命"。起义军占领了除冬宫以外的军事据点和临时政府的主要机

关。晚9时45分，阿芙乐尔号巡洋舰向冬宫开炮，工人和士兵攻陷冬宫，推翻了临时政府。与此同时，在斯莫尔尼宫召开了全俄第二次苏维埃代表大会，列宁在会上宣布，全部政权归苏维埃。

11月7日，莫斯科工人和革命士兵武装起义胜利。莫斯科苏维埃成立。

11月15日，北京政府国务总理段祺瑞向代总统冯国璋提出辞职。

11月28日，阿尔巴尼亚宣告独立。

12月18日，美国国会通过关于禁酒宪法修正案。

中国农历己巳年
(1929.02.09—1930.01.29)

2月11日，意大利墨索里尼政府同教皇庇护十一世签订了《拉特兰条约》，意大利承认梵蒂冈为主权国家，规定从同年7月起成梵冈为独立的城市国家。

2月14日，由于美国黑社会帮派争斗日趋激烈，令人发指的谋杀案件不断发生，终于在"情人节"这一天，芝加哥奥巴尼翁帮的7名成员因抢劫了艾尔·卡彭贩运的私酒，遭到卡彭手下的暴徒用机枪扫射，无一幸免。整个枪杀过程仅用了8分钟。

3月4日，共和党人赫伯特·胡佛就任美国第31任总统。这位曾在上届政府中担任商业部长的共和党候选人，在前一年的总统竞选中轻易地

击败了民主党候选人艾尔弗雷德·史密斯，但这并不意味着他的好运。美国的经济大萧条即将开始。

3月5日，苏联列宁格勒"红色维堡人"工厂发表宣言，号召全国组织社会主义竞赛。

3月15日，国民党第三次全国代表大会在南京召开。会前蒋介石事先通过了一个"省市选出全额之半，中央指定全额之半"的代表产生办法。汪精卫、陈公博等指责"完全违反本党民主原则"。结果两派对立，大打出手。最终国民党三大如期召开，给予汪精卫书面警告，开除陈公博党籍，蒋介石、胡汉民等被选为中执委常委。

3月21日，南京政府主席蒋介石在汤山软禁桂系军阀李济深，桂系起兵反蒋。29日，蒋介石下令进攻武汉。4月，桂系战败，李宗仁、白崇禧南逃广西。

3月24日，意大利举行大选，官方提出的400名候选人名单几乎获得百分之百的选票。法西斯分子在一党选举中获胜。

4月27日，北京各校及民众团体联合宣言，反对日本对中国的文化侵略。

5月1日，德国"红色战士联盟"领导柏林20万工人举行反政府的游行示威。

5月5日，粤桂战争爆发。

5月16日，西北军将领发出反蒋通电，推冯玉祥为"护党救国军西北路总司令"。17日，蒋介石下令讨伐冯玉祥。27日，冯玉祥因韩复榘、石友三叛变拥蒋而失败，通电下野，蒋冯战争结束。

5月16日，美国电影艺术科学院在好莱坞首次将学院奖颁发给国内外最有艺术成就的电影，成为以后著名的"奥斯卡金像奖"的开始。

5月19日，蒋介石下令围剿粤、赣、闽三省红军。

5月26日，孙中山灵柩自北京碧云寺扶入灵车南移。28日，灵柩抵达南京。停灵公祭至31日。6月1日，在南京紫金山中山陵园举行奉安大典，灵柩由宋庆龄、孙科及党政要人护入墓室。这一天，全国各地举行公祭，停止工作、交通3分钟，以示哀悼。

5月27日，张学良奉蒋介石命搜查苏联驻哈尔滨领事馆，逮捕苏联驻华领事。

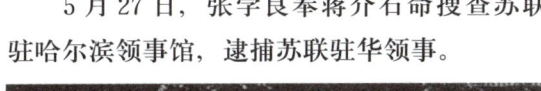

5月30日，英国举行大选，工党获胜。

6月7日，麦克唐纳组成第二届工党内阁。内阁成员中第一次出现了一位女性。

6月18日，国民党决定开除冯玉祥党籍，免去各职，通缉拿办。

6月22日，土耳其同法国签订国界协议。

7月2日，日本田中义一内阁倒台。

7月3日，南京政府中止中俄合办铁路协定。18日，苏联宣布断绝与中国的外交关系。

7月10日，意大利全国50万工人举行反法西斯总同盟罢工。

7月21日，中国收回中东铁路，中苏开战。东北军与苏军在绥芬河、满洲里等地发生武装冲突，张学良军败退。

7月27日，法国总理普恩加来因病辞职。白里安继任总理。

8月6日，埃及与英国签订新草约：以军事同盟代替英国的军事占领。

8月8日，考古学家裴文中教授等在北京周口店发现一完整的北京人头盖骨化石。

8月8日，德国硬式飞艇齐伯林伯爵号用大约21天时间完成环球飞行。

8月11日，墨西哥颁布劳工法典，规定每天8小时，每周6天工作日，工人享有罢工权利，限定最低工资额等。

8月30日，中共中央政治局候补委员彭湃被国民党杀害于上海龙华。

9月1日，解决德国赔款问题的道威斯计划开始生效。

10月10日，西北军将领宋哲元通电反蒋，推阎锡山、冯玉祥为国民军副总司令。

10月24日，美国华尔街股票市场在连续几年上升后，突然崩溃，几千万股股票易手。

至29日，股市暴跌，平均下跌40点，损失高达数百亿美元。成千上万的美国人眼睁睁地看着他们毕生的积蓄，在几天之内化为乌有。

11月15日，中共中央政治局开除陈独秀党籍。

12月7日，土耳其给予妇女选举权。

12月11日，中国共产党人邓小平等在广西百色领导起义。起义后，部队改编为中国工农红军第七军，张云逸任军长，邓小平任前敌委员会书记兼政委，并成立了右江苏维埃政府。

12月28日至30日，红四军第九次代表大会在福建上杭县古田召开。会议通过了毛泽东主持起草的决议，强调加强党的思想、组织建设，贯彻民主集中制原则，规定了红军的性质、任务和建军原则。这次会议为红四军和革命军队的建设指明了方向。

中国农历辛巳年
(1941.01.27—1941.02.14)

2月6日，英军占领北非西兰尼加的首府班加西，俘获意军数千人。7日，英军攻占西兰尼加。

2月9日，隆美尔将军率领的德军，从意大利进入北非。

2月以后，侵华日军开始对华北各根据地实行全面封锁和"蚕食"，执行"三光政策"，有计划地制造无人区。敌后抗日根据地进入困难时期。

3月8日，中国民主同盟成立。

3月12日，王震率三五九旅屯垦陕北南泥湾，以克服解放区面临的日军"扫荡"、

国民党顽固派的封锁及自然灾害造成的困难。

3月30日，英国海军在克里特岛附近海域击沉意大利3艘巡洋舰和2艘驱逐舰。

4月6日，德军入侵南斯拉夫和希腊。

4月21日，日军攻占福州。

4月25日，英军撤出雅典。27日，德军占领雅典。

5月5日，斯大林就任苏联人民委员会主席。

5月10日，汪伪政权设立"清乡委员会"，在沦陷区开始清乡。

5月10日，德国纳粹党组织头目鲁道夫·赫斯秘密飞往英国，在苏格兰格拉斯哥跳伞降落被捕，飞机坠毁。

5月20日，德国伞兵实施"墨丘利"行动，侵入克里特岛，同希腊军民以及英国、新西兰军队激战。

5月24日，英国巡洋舰"胡德"号被德国战列舰"俾斯麦"号击沉，13000多人丧生。27日，"俾斯麦"号被英国空军击沉。

5月25日，华北八路军全线出动，对敌展开破击大战。

6月5日夜，日军对重庆进行大规模"地毯式"轰炸。市民如潮水般拥向公共防空大隧道，在长达10小时的高温和缺氧情况下，近万人因窒息、挤压而死。

6月15日，英国首相丘吉尔致函罗斯福，如果德国进攻苏联，英国将全力支持苏联。

6月16日，因日美谈判破裂，日本近卫内阁辞职。18日，曾任关东军宪兵司令官、关东军参谋长、陆军次长、陆军大臣的东条英机被任命为日本首相兼陆军内务大臣。

6月22日晨，德国军队发动突袭苏联的

巴巴罗萨战役。苏德战争爆发。同日，意大利、罗马尼亚、斯洛伐克对苏联宣战。28日，德军占领明斯克。

6月，冀中人民在反"蚕食"斗争中，与日军展开"地道战"与"地雷战"，成为坚持平原地区抗战的有效办法。

7月7日，日本冈村宁次大将继任华北日军最高指挥官。

7月12日，英国与苏联在莫斯科签订互助协定，双方约定不得与敌人单独媾和或停战。

7月22日，德国飞机首次轰炸莫斯科。

7月26日，美国向中国派遣军事顾问。麦克阿瑟任远东军总司令。

8月14日，美国总统罗斯福与英国首相丘吉尔在大西洋纽芬兰海面美舰"奥古斯塔"号上会谈，发表《大西洋宪章》。次日，罗斯福、丘吉尔联合致函斯大林，建议在莫斯科召开苏、美、英三国代表会议，斯大林接受了这一建议。

9月3日，德国法西斯在波兰南部建立的奥斯威辛集中营，对600名苏联战俘和250名犹太人首次采用毒气处死。以后，大量的犹太人被送进毒气室。

9月25日，狼牙山五壮士在易水河畔狼牙山阻击敌人，最后纵身跳崖，3人壮烈牺牲。

10月4日，国民党军队弃守郑州。

10月8日，日军进犯长沙再次遭重大挫败。第二次长沙会战胜利结束。

10月9日，八路军粉碎鲁南日寇的"扫荡"。

10月10日，中国民主政团同盟在香港成立。

11月13日，德国航空母舰"皇家方舟"号在地中海受到德潜艇鱼雷袭击，于次日沉没。

11月21日，苏军从顿河罗斯托夫撤退。29日，苏军收复罗斯托夫。

11月25日，南京汪伪政权参加"反共产国际公约"。

11月25日，美国罗斯福总统决定中断与日本的谈判。

11月29日，苏联英雄卓娅被德军杀害，年仅18岁。

12月7日晨，日本海军出动360架战斗机、轰炸机和潜艇，对毫无戒备的珍珠港进行突然袭击。美国太平洋舰队遭受重大损失。

8日，美英对日宣战，太平洋战争开始。

12月8日凌晨，侵华日军由华南向香港进攻。香港守军苦战18天，于25日向日军投降。

12月9日，中国共产党发表《为太平洋战争的宣言》。中共中央发表关于太平洋反日统一战线的指示。

12月10日，中国对意大利、德国宣战。

12月11日，日军在福建厦门鼓浪屿登陆。

12月12日，日军占领九龙。18日，日军在香港登陆。

12月14日，德国海军装备第一艘"U-1"号潜水艇。

12月21日，晋冀鲁豫八路军全线展开破击大战，使平汉线西侧的敌军封锁线大部破毁。

中国农历癸巳年

（公元 1953.02.14—1954.02.02）

2月15日，中共中央公布《关于农业生产互助合作的决议》，全国各地普遍开始试办初级农业生产合作社。

3月5日，苏共中央总书记、苏联部长会议主席斯大林去世。

3月8日，周恩来总理率中国代表团赴莫斯科参加斯大林葬礼。

3月26日，防治小儿麻痹症的沙克疫苗在美国试验成功。

3月15日，苏联最高苏维埃选举伏罗希洛夫为最高苏维埃主席团主席。

4月10日，瑞典的达格·哈马舍尔德当选联合国秘书长。

4月11日，朝鲜停战谈判双方联络组签署《遣返病伤战俘协定》。

5月13日，美国格仑瑟接替李奇微任欧洲盟军最高司令。

5月29日，新西兰的希拉里与尼泊尔的诺尔盖登上珠穆朗玛峰。

5月30日至6月3日，中国佛教协会成立会议在北京广济寺举行。

6月1日，中国人民志愿军追计黄继光烈士特等功，并授予他"特级战斗英雄称号"。

6月2日，英国女王伊丽莎白二世的加冕典礼在威斯敏斯特教堂隆重举行。当日，英国

约有一半人通过250万台电视机观看了这一重大新闻。

6月8日，朝鲜停战谈判的双方代表团，在板门店正式签订关于遣返战俘的协议。

6月15日，毛泽东在中央政治局会议上提出党在过渡时期的总路线和总任务。

6月17日，柏林美占区暴徒在苏占区制造暴乱，暴徒绑架民主德国副总理。

6月19日，美国政府杀害1950年7月被控"盗窃原子秘密给苏联"的美国电气工程师罗森堡夫妇。

7月13日至15日，中国人民志愿军发起金城战役。由于南朝鲜李承晚集团无理扣留我方战俘27000千余名，企图破坏停战的实现，志愿军集中5个军的兵力和1000门火炮，组成3个突击集团，打击李承晚集团。金城战役歼敌5万余人，收复土地178平方公里，促进了停战的实现。

7月26日，《朝鲜停战协定》及其临时补充协议在板门店正式签字。金日成首相、彭德怀司令员向朝中部队发布停战令。30日，朝中部队全部撤离非军事区。

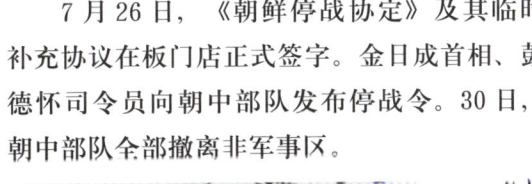

7月26日，新华社报通，中国人民解放军自3月下旬至6月中旬，在甘肃、青海边界剿匪，共计歼匪1380余名，肃清该地区残匪。

7月28日，意大利总理德加佩斯在一次不信任投票后辞职。

8月8日，苏联宣布：美国已不拥有氢弹的垄断权。

9月7日，赫鲁晓夫当选苏共中央第一书记。他于1956年在苏共"二十大"作了反对斯大林个人崇拜的秘密报告，并提出和平共处、和平竞赛、和平过渡等观点。

9月17日至10月24日，33国关税与贸易总协定第八届会议在瑞士日内瓦召开。

9月26日，著名画家、中央美术学院院长、全国美协主席徐悲鸿在北京逝世，享年58岁。他的作品融合中西技法，自成面貌，尤以画马驰誉中外。

9月29日，中国抗议英国的炮舰和飞机在珠江口袭击中国舰艇。

10月16日，中共中央通过《实行粮食的计划收购与计划供应的决议》。

10月22日，老挝与法国签订友好合作条约。老挝成为法兰西联邦内享有独立主权的国家。

10月29日，世界首架持续超音速飞行的F-100战斗机，在美国试飞成功。

10月30日，美日密署协定，规定扩充日本自卫队。

11月15日，根据中共中央《关于全国实行计划收购油料的决定》，国家开始实行粮食统购统销。不久，又对油料、棉花和棉布实行计划收购和供应。

11月9日，柬埔寨王国宣告独立。

11月12日，朝鲜首相金日成率领政府代表团来访，中朝经济和文化协定在北京签订。

12月16日，中共中央作出《关于发展农业生产合作社的决议》，全国开展农业合作化运动。

12月23日，苏联前内务部长贝利亚被处决。

12月24日，中共中央政治局会议揭露原中央人民政府副主席高岗和原中共中央组织部部长饶漱石的问题。

1954年1月3日，驻日美军当局释放前日本关东军司令官、朝鲜总督、前陆军大将、甲级战犯南次郎。

中国农历乙巳年
(1965.02.02—1966.01.20)

2月6日，智利格林克里斯足球队24名队员因飞机在圣地亚哥附近爆炸而遇难。

2月18日，冈比亚在英联邦内实行独立。

2月21日，美国黑人穆斯林领袖、黑人民族主义运动创始人马尔科姆·艾克斯，在前往纽约市发表演说途中被暗杀身亡。

2月28日，美国亚拉巴马州骑警枪杀1名示威的黑人木工。3月3日，600名黑人举行抗议进军。9日，4000名黑人第二次进军。两次进军均被警察驱散。

2月，苏联部长会议主席柯西金率领的代表团访问越南、朝鲜途经中国，在北京停留。周恩来总理会见柯西金。

3月1日，各国共产党代表会议在莫斯科举行。中国、越南、朝鲜等国未派代表参加会议。

3月2日，美军对越南北方第一次进行大规模的轰炸，企图迫使越南坐到谈判桌上。越南政府表示：美军不撤退不能谈判。

3月8日至9日上，美国正式参加越南作战的第一批部队约3500多名海军陆战队到达南越岘港空军基地。

3月9日，美国民权运动领袖马丁·路德·金领导的第二次争取民权进军，从亚拉巴马州塞马尔向蒙哥马利城进军。11日，詹姆斯·里布牧师在塞马尔示威中遭到袭击，被毒打致死。25日，民权运动活动家维奥拉·留佐夫在从塞尔马到蒙哥马利途中被三K党杀害。

3月18日，苏联航天员阿列克赛·列昂诺夫走出"上升2号"载人飞船，进行航天史上首次太空行走。

3月19日，尼古拉·齐奥斯库当选罗马尼亚党中央第一书记。

4月29日，据新华社报道：中国京剧一团演出的《红灯记》，在广州、上海公演，受到广大观众的欢迎。

5月12日，西德与以色列建立外交关系。

5月14日，中国在西部地区上空，又爆炸了一颗原子弹。

5月22日，中国宣布取消中国人民解放军军衔制度。24日，国务院公布关于中国人民解放军新的帽徽、领章和部分军服样式的决定。

6月3日，美国航天员爱德华·怀特在太空行走20分钟。3个月前，苏联宇航员列昂诺夫已成为人类太空行走的第1人。美国与苏联的空间竞赛又进入了一个新的阶段。

6月18日，阮高其出任南越总理。

6月19日，阿尔及利亚发生不流血政变。

6月26日，毛泽东提出要把医疗卫生工作的重点放到农村去。

7月17日，美国B-52轰炸机从关岛起飞，对越南进行轰炸，支援南越军队的地面进攻。

7月20日，原国民党政府代总统李宗仁和夫人郭德洁从海外归来回到北京，受到党和国家领导人及各界人士的热烈欢迎。

8月11日，美国洛杉矶发生大规模种族骚乱。骚乱造成34人死亡，1032人受伤，3952人被警察逮捕，财产损失达2亿美元。

8月15日，《人民日报》发表署名文章，批判电影《不夜城》。

9月6日至22日，印度与巴基斯坦因克什米尔问题，发生大规模军事冲突。

9月9日，西藏自治区成立。阿沛·阿旺晋美任自治区主席。

9月11日至28日，第二届全国运动会在北京举行。

9月17日，中国科学院上海生物化学研究所人工合成结晶牛胰岛素，开创世界首次人工合成先例。

9月21日，马尔代夫加入联合国。

10月12日，国务院批准将"僮族"改为"壮族"，"广西僮族自治区"改为"广西壮族自治区"。

10月15日至16日，美国爆发全国性的反战大示威。

10月30日，《解放军报》发表王杰日记摘抄。首都各报相继转载。

11月9日，英国宣布废除死刑。

11月10日，上海《文汇报》发表姚文元的《评新编历史剧〈海瑞罢官〉》一文。

11月11日，南罗得西亚单方面宣布独立。

11月15日，几内亚断绝与法国的外交关系。

11月23日，有争议的拳王穆罕默德·阿里在拉斯维加斯击败弗洛伊德·帕特森。他在第12回合将对方技术性击倒后，重新获得世界重量级拳击冠军称号。他在上一年皈依伊斯兰教。

12月2日，联合国大会一致选举吴丹连任秘书长。

12月17日，非洲统一组织九国，为抗议英国未镇压罗得西亚政权，与英国断绝外交关系。

12月17日，菲律宾大选在骚乱和暴力不断的情况中结束。费迪南德·马科斯就任菲律宾总统。

12月19日，法国戴高乐在选举中击败弗朗索瓦·密特朗，开始第二任总统任期。

12月21日，中国民主革命家、教育家黄炎培逝世，终年88岁。黄炎培在新中国建国后任全国人大常委会副委员长、政协全国委员会副主席、中央民主建国会主任委员。

中国农历丁巳年

（1977.02.18—1978.02.06）

3月7日，以布托为首的巴基斯坦人民党在大选中获胜。28日，巴基斯坦新国民议会一致选举布托连任。

3月16日至20日，印度独立以来执政30年的国大党在大选中惨败。英迪拉·甘地总理落选，宣布辞职。人民党和民主国大党等联合竞选的反对党获得人民院多数席位。24日，人民党主席莫拉吉尔·德赛当选为印度政府新总理，同日宣誓就职。

3月18日，刚果总统马里安·恩古瓦比在布拉柴维尔官邸遇刺逝世，终年39岁。

3月27日，泛美航空公司一架客机在加那利群岛的特内里夫岛洛斯罗德奥斯机场的跑道上，同来自阿姆斯特丹的一架荷兰皇家航空公司的喷气式飞机相撞，造成582人死亡，成为民航史上最严重的事故。两架飞机都是中途转向来到特内里夫的。

4月9日，中国云南省禄丰县发现一个比较完整的古猿人下颌骨化石。这种从猿到人的过渡类型的下颌骨化石在中国是第一次发现，中国以外没有发现。

4月15日，美国东海岸约3万名码头工人举行6年以来规模最大的罢工，要求增加工资。

4月22日，北海上靠近挪威的一口油井喷发事故，导致方圆4000

公里的海面被1—2毫米厚的浮油所覆盖，给海洋生物造成无可挽回的损失。

5月7日至8日，西方7国首脑在英国伦敦举行经济会议，协调对世界性的通货膨胀和经济衰退的政策，但对如何解决高关税和贸易保护主义，以及通过国际货币基金组织筹集数十亿美元以解救油价上涨造成的贸易赤字等问题未能取得一致意见。美国同法国、西德在出口核技术问题上的分歧再次暴露。

5月24日，苏共中央全会解除苏联最高苏维埃主席团主席波德戈尔内的中央政治局委员的职务，同时解除康斯坦丁·卡图谢夫的中央书记职务，由担任勃列日涅夫助理的康斯坦

丁·鲁萨科夫接任中央书记。6月16日，苏联最高苏维埃解除波德戈尔内苏联最高苏维埃主席团主席的职务，并宣布他将退休。会议选举勃列日涅夫为苏联最高苏维埃主席团主席。

6月21日，以色列的4个犹太复国主义党派组成的利库德集团的领导人贝京当选为总理，结束了工党30年的统治。

7月5日，巴基斯坦武装部队接管国家政权。包括前总理布托在内的巴基斯坦人民党和全国联盟的领导人被捕。同日，陆军参谋长齐亚·哈克上将宣告临时政府已经建立；伊

拉希总统继续行使国家元首职权；由参谋长联合委员会主席和三军参谋长组成军事委员会，齐亚·哈克上将任军法管制首席行政官。

7月13日，美国总统卡特要求国会同意生产一种新式核武器——中子弹，以对抗苏联在欧洲布置的新武器。

7月16日至21日，中国共产党十届三中全会追认华国锋为中共中央主席、中共中央军委主席，恢复邓小平的职务，永远开除王洪文、张春桥、江青、姚文元的党籍，撤销"四人帮"在党内的一切职务。会议还通过了关于提前召开党的第十一次全国代表大会的决议。

8月12日至19日，中国共产党第十一届全国代表大会通过新的党

章。党中央主席华国锋作政治报告，宣布历时11年的"文化大革命"，以粉碎"四人帮"为标志结束。19日，中共十一届三中全会选举华国锋为中共中央主席，叶剑英、邓小平、李先念、汪东兴为副主席。

8月23日，美国联邦大陪审团指控南朝鲜一名实业家向美国国会议员行贿。

8月29日，北京天安门广场建成毛主席纪念堂。安放毛泽东遗体的水晶棺已经移入堂内。

9月3日，巴基斯坦前总理布托因曾于1974年谋杀一名政敌的罪名被捕。1978年3月18日被拉合尔高等法院以"谋杀"罪判处死刑。许多国家的领导人呼吁免除布托死刑。1979年4月4日，布托在拉瓦尔品第监狱中被绞死，终年51岁。

10月3日，印度政府在新德里逮捕前总理英迪拉·甘地。4日，德里地方法院以对她的控告没有充分根据为由，宣布立即释放。

10月17日，西德突击队向停在索马里机场上的一架被劫持的西德汉莎航空公司的班机发动攻击，机上被扣押的86人全部获释。

11月4日，联合国禁止向南非出售武器。

11月14日至15日，美元在伦敦、纽约和东京连续暴跌，达到245日元比1美元的战后新记录。

11月19日至21日，埃及总统萨达特应以色列总理贝京的邀请到耶路撒冷访问，成为以色列1948年成立以来，埃及领导人同以色列领导人在以色列土地上的第一次会见。萨达特在以色列议会发表演说，敦促以色列从包括东耶路撒冷在内的被占领的阿拉伯土地上撤退，并承认巴勒斯坦人民的权利。萨达特的行动受到阿拉伯国家的谴责。

12月5日，埃及同叙利亚、伊拉克、利比亚、阿尔及利亚和南也门断绝了外交关系。

12月14日，中非共和国总统博卡萨自封为"皇帝"并加冕登基。奢华的加冕庆典耗费两千万美元，相当于这个国家年收入的四分之一。

12月25日，英国电影艺术大师查尔斯·斯潘塞·卓别林在瑞士洛桑逝世，终年88岁。

中国农历己巳年
(1989.02.06—1990.01.26)

2月15日，最后一批苏联军队被空运撤出阿富汗，从而结束了与圣战者叛军长达9年的苦战。此前几天，已有数千名士兵离开了这个国家，其中许多士兵乘着坦克和装甲运输车越过了奥克苏斯河边界。

2月14日，伊朗原宗教及政治领袖霍梅尼宣布判处拉什迪死刑，并号召教徒对其采取暗杀行动。3月3日，英国首相和外交大臣发表讲话，对《撒旦诗篇》伤害穆斯林的宗教感情表示理解，并要求伊朗撤销对拉什迪生命的威胁。3月7日，伊朗政府正式宣布与英断交。后拉什迪向穆斯林世界公开表示道歉。拉什迪潜藏多年，过着有警方保护的"地下生活"，每年的保护费高达160万美元。1998年，伊朗政府宣布不会支持对拉什迪的死刑判决后，拉什迪终于获得了自由。

2月24日，来自163个国家的代表参加了有争议的日本裕仁天皇的葬礼。

3月25日，美国水域发生迄今最严重的石油污染事故。长937英尺的"埃克松·瓦尔代兹"号油轮在阿拉斯加海岸外的威廉王子海峡触礁，被撞出一个窟窿，导致大量泄油。其间约有1000万加仑原油漏入海中，使长达100英里的海岸线受到污染，对包括海豹、水獭和迁徙的海鸟在内的野生动物造成了不可弥补的损失。

4月15日，在英格兰设菲尔德的希尔斯伯勒体育场举行足总杯半决赛时，95名利物浦球迷被挤死。

4月17日，波兰团结工会被禁8年后成为合法组织。

4月25日，日本首相竹下登因贿赂丑闻辞职。

5月16日，邓小平会见来访的苏联最高

苏维埃主席团主席、苏共中央总书记戈尔巴乔夫。中苏关系实现正常化。

6月4日，横贯西伯利亚铁道煤气爆炸，造成数百人丧生。这次爆炸事件肇始于穿越西伯利亚荒原的铁路沿线上的巨型管道所发生的煤气泄漏。当两列人满为患的客车在莫斯科以东约1200公里处擦肩而过时，从车厢溅落到铁路线上的火星点燃了煤气。

6月6日，伊朗举行霍梅尼葬礼。当装着阿亚图拉·霍梅尼遗体的棺木被抬着从人群头上越过，送往德黑兰郊外他的最后安息地时，群众扑向棺材哀悼。

6月22日，英国公共汽车、地铁和铁路

工人罢工。

7月19日，联合航空232号班机因引擎故障，在美国苏城紧急降落时坠毁，事件中有111人死亡，185人获救。

6月23日至24日，中共十三届四中全会召开，撤销赵紫阳党内一切领导职务，选举江泽民为中央委员会总书记。

8月20日，一艘娱乐游船在伦敦市中心的泰晤士河上与一艘巨大的挖泥船相撞而沉没，造成51人死亡。凌晨时分，"马希奥尼斯"号游船上正在喜气洋洋地举行一个生日宴会。当游船行经索思沃克桥下时，突然被2000吨的挖泥船"博贝尔"号撞上。舆论界纷纷呼吁必须立即着手改善泰晤士河的安全航行标准。

8月25日，美国宇宙飞船拍摄海王星照片。

9月11日，匈牙利向东德难民开放边界。

9月13日，南非2万人示威反对种族隔离。

9月22日清晨，一枚炸弹在皇家海军陆战队音乐学院爆炸，炸死10名士兵，至少炸伤多出一倍的人员，其

中受重伤的为数不少。这些伤亡人员大多是军乐队员。爱尔兰共和军声称对这次攻击负责，爆炸事件在英国民众中引起了极大的恐惧，担心恐怖组织将加紧对英国本土的军事设施展开炸弹攻势。有关方面紧急呼吁对全国各地的军事基地进行安全程序方面的检查。

9月28日，菲律宾前总统马科斯在美国檀香山去世。

10月9日，美国旧金山地震。一次记录为里氏6.9级的地震摧毁了该市的海湾区，造成八十多人丧生。大部分伤亡是由于双层高速干道的顶层受震坍塌，恰巧压在穿行于干道第二层的行人、车辆上所造成的。

11月6日至9日，中国共产党十三届五中全会在北京召开。全会审议并通过了《中国共产党十三届五中全会关于同意邓小平辞去中共中央军事委员会主席职务的决定》，高度评价了邓小平六十多年来的革命历史和卓著功勋，决定江泽民为中共中央军事委员会主席。

11月10日，东德开放柏林墙。

12月1日，苏联总统戈尔巴乔夫与教皇约翰·保罗二世会晤，结束了苏联与梵蒂冈之间长达70年的敌对状态。

12月21日，美国以其侨民受到暴力威胁为由，派军队入侵巴拿马，腐败的巴拿马领袖曼努埃尔·诺列加终于被逐下台。忠于诺列加的军队一度发起反攻，总统本人逃进了梵蒂冈大使馆的院子。诺列加曾在美国政府扶持下上台，但以后丧失了美国对他的信任和支持。乔治·布什总统表示希望看到诺列加在美国接受关于他从事贩毒活动的审判。

12日25日，罗马尼亚政局巨变，前总统齐奥塞斯库被处决。

蛇年出生的中外名人

巳年出生的中国名人

屈原（约公元前 340 年—前 278 年）

中国最早的古诗人。名平，字原，通常称为屈原，又自云名正则，号灵均。战国末期楚国丹阳（今湖北秭归）人，楚武王熊通之子屈瑕的后代。初辅佐怀王，做过左徒、三闾大夫。学识渊博，主张彰明法度，举贤授能，东联齐国，西抗强秦。后遭到贵族子兰、靳尚等人的谗害而去职。顷襄王时被放逐，长期流浪沅湘流域。后因楚国的政治更加腐败，首都郢亦为秦兵攻破，他既无力挽救楚国的危亡，又深感政治理想无法实现，遂投汨罗江而死。

屈原是中国伟大的浪漫主义诗人之一，也是我国已知最早的著名诗人，代表作品有《离骚》、《九歌》、《天问》等。

韩非（约公元前 280 年—前 233 年）

战国晚期哲学家，法家主要代表人物。又名韩非子。韩王室诸公子之一，战国法家思想的集大成者。《史记》记载，韩非精于"刑名法术之学"，与秦相李斯都是荀子的学生。韩非因为口吃而不擅言语，但文章出众，连李斯也自叹不如。他的著作很多，主要收集在《韩非子》一书中。

韩非是战国末期带有唯物主义色彩的哲学家、法家思想的集大成者。韩非目睹战国后期的韩国积贫积弱，多次上书韩王，希望改变当时治国不务法制，养非所用、用非所养的情况，但其主张始终得不到采纳。韩非认为这是"廉直不容于邪枉之臣"，便退而著书，写出了《孤愤》、《五蠹》、《内外储》、《说林》、《说难》等著作，洋洋十万余言。

韩非被秦王政所赏识并重用，但不久便被李斯等陷害自杀。

刘邦（公元前 256 年—前 195 年）

汉高祖刘邦，字季，沛郡丰邑中阳里（今属江苏）人，中国西汉（公元前 206 年至公元 23 年）王朝的建立者。出身平民阶级，秦朝时曾担任泗水亭长。公元前 209 年起兵响应陈胜起义，称沛公。后成为反秦主力。公元前 206 年攻占咸阳，推翻秦朝。约法三章，废秦苛法。同年项羽入关，被封为汉王，辖巴蜀、汉中。不久与项羽展开楚汉战争，于公元前 202 年打败项羽，成为汉朝开国皇帝，定都长安，史称西汉。汉承秦制，实行中央集权。先后消灭韩信、彭越、英布等异姓诸侯王，迁六国旧贵族和地方豪强到关中。据秦律制《汉律》九章，实行重农抑商政策，减轻租税徭役，与民休息，使社会经济迅速恢复，奠定西汉强盛的基础。

项羽（公元前 232 年—前 202 年）

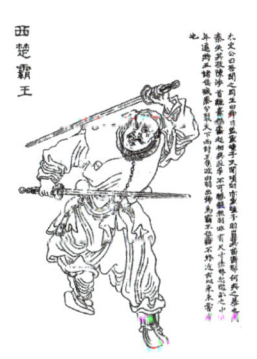

秦末著名农民起义军领袖。名籍，字羽，下相（今江苏宿迁西南）人，为楚将项燕之后。少时有大志。秦二世元年（公元前 209 年），从叔父项梁在吴（今江苏苏州）起义。项梁战死后，秦将章邯围赵，楚怀王任命宋义为上将军，项羽为次将，率军前往救援。但宋义到安阳后却逗留不进，项羽杀死宋义率兵渡过漳水救赵，在巨鹿之战中摧毁秦军主力。后率军入关中。秦亡后，自立为西楚霸王，并册封十八路诸侯。楚汉战争中，被刘邦击败。最后从垓下（今安徽灵璧南）突围到乌江（今安徽和县东北），自刎而死。

项羽不仅武勇出众，还留下了千古名作《垓下歌》。司马迁评价道："大政皆由羽出，号称西楚霸王，权同皇帝。位虽不终，近古以来未尝有也。"项羽，在中国历史上写下了一段不朽的神话。

华佗（约 141 年—208 年）

华佗，字元化，又名旉，汉末沛国谯（今安徽亳州）人，是东汉末著名医学家。少时曾在外游学，钻研医术而不求仕途。他医术全面，尤其擅长外科，精于手术，被后人称为"外科圣手"、"外科鼻祖"。

华佗精通内、妇、儿、针灸各科，外科尤为擅长，行医足迹遍及安徽、山东、河南、江苏等地。他曾用"麻沸散"使病人麻醉后施行剖腹手术，是世界医学史上应用全身麻醉进行手术治疗的最早记载。又仿虎、鹿、熊、猿、鸟等禽兽的动态创出名为"五禽之戏"的体操，教导人们强身健体。认为"人体欲得劳动，但不常使极耳。动摇则谷气得销，血脉流通，病不得生，譬如户枢，终不朽也"。后因不从曹操征召被杀。所著医书《青囊书》已佚，现存《中藏经》，是后人托名之作。今亳州市有"华佗庵"等遗迹。

王羲之（约 321 年—379 年）

东晋书法家，有书圣之称。字逸少，号澹斋，祖籍琅琊临沂（今属山东）。出身贵族。历任秘书郎、宁远将军、江州刺史。后为会稽内史，领右将军，人称"王右军"、"王会稽"。因与扬州刺史王述有矛盾，辞官不再出任。后迁居会稽（绍兴），写下《兰亭集序》，晚年隐居会稽下辖剡县金庭。

工书法，早年从卫夫人（铄）学，后改变初学，草书学张芝，正书学锺繇，并博采众长，精研体势，推陈出新，一变汉魏以来质朴的书风，成为妍美流便的新体。其书备精诸体，尤擅正行，字势雄强多变化，为历代学书者所宗尚，影响极大。书迹刻本甚多，散见宋以来所刻丛帖中。行书保存在唐僧怀仁集书《圣教序》内最多。草书有《十七帖》等。真迹无存，唯存唐人双钩廓填的行书《姨母》、《奉橘》、《丧乱》、《孔侍中》及草书《初月》等帖。

其子王献之书法亦佳，世人合称为"二王"。此后历代王氏家族书法人才辈出。

顾恺之（约 345 年—409 年）

东晋画家、绘画理论家、诗人。字长康，小字虎头。晋陵无锡（今属江苏）人。曾为桓温及殷仲堪参军，官至通直散骑常侍。多才艺，

工诗赋、书法，尤精绘画，尝有"才绝、画绝、痴绝"之称。多作人物肖像及神仙、佛像、禽兽、山水等。画人注重点睛，自云"传神写照，正在阿堵（即眼珠）中"。尝为裴楷画像，颊上添三毛，而益觉有神。在建康瓦棺寺绘《维摩诘像》壁画，光彩耀目，轰动一时。后人论述他作画，意存笔先，画尽意在；笔迹周密，紧劲连绵如春蚕吐丝。后人把他和师法他的南朝宋陆探微并称"顾陆"，号为"密体"，以区别于南朝梁张僧繇、唐吴道子的"疏体"。著有《论画》、《魏晋胜流画赞》、《画云台山记》，其中"迁想妙得"、"以形写神"等论点，对中国画的发展有很大影响。存世的《女史箴图》传是早期的摹本。所传另一作品《洛神赋图》，或说为宋人所作。

祖冲之（429年—500年）

我国杰出的数学家，科学家。南北朝时期人，汉族人，字文远。祖籍范阳郡遒县（今河北涞水县），一作蓟（今北京）人。为避战乱，祖冲之的祖父祖昌由河北迁至江南。祖昌曾任刘宋的"大匠卿"，掌管土木工程；祖冲之的父亲也在朝中做官。祖冲之从小接受家传的科学知识，南朝宋时主持华林学省，从事学术活动。后任南徐州（今镇江）从事史、公府参军、娄县（今昆山市东北）令、谒者仆射、长水校尉等官职。

祖冲之推算出圆周率π的值在3.1415926和3.1415927之间，并提出其密率355/113，此两者领先世界约一千年。他编制的《大明历》，首先引入岁差，其日月运行周期的数据比其他历法更为准确。撰《驳议》，坚持真理，反对"虚推古人"，又曾改造指南车，作水碓磨、千里船等，都很机巧。其子祖暅之，亦为数学家，与他共同求出球体积的准确公式，提出祖氏原理。数学著作有《缀术》和《九章术义》，都已失传。

元钦（525年—554年）

北魏京兆王元愉之孙，西魏文帝元宝炬长子，西魏第二任皇帝。

元钦7岁那年，其父亲就把他托付给北魏大将军宇文泰，让元钦跟着他过军营生活。大统元年（535年），元宝炬登基（建立西魏），11岁的元钦被立为皇太子。

大统十七年（551年）三月，西魏文帝驾崩，元钦继位。但大权却依然牢牢地掌握在岳父宇文泰的手中，他只能一切遵循旧序。梦想朝纲独断的元钦"密谋诛太师泰"。宇文泰见元钦不识好歹，便于当年二月"废魏主，置之雍州，立其弟齐王廓"，元钦的皇帝生涯就此结束。两个月后，元钦被宇文泰"鸩杀"，终年30岁，谥号废帝。

窦建德（573年—621年）

隋末河北农民起义首领。清河漳南（今河北故城东北）人。农民出身，曾为里长。大业七年（611年），任二百人长。因助孙安祖起义，家属遭杀害，遂率部起义，投高鸡泊起义军首领高士达，任司兵。大业十二年616年，为军司马，击杀涿郡通守郭绚。高士达战死后，他继为领袖，称将军，拥众十余万。大业十三年（617年），于乐寿（今河北献县）称长乐王，建元丁丑，攻占信都、清河等郡。河间之战，歼灭隋将薛世雄部三万余人，声势大振，随即攻下河北大部郡县。次年，称夏王，建都乐寿，改元五凤，国号夏。五凤二年（619年），击杀宇文化及为隋炀帝发丧，又遣使到洛阳见隋越王侗。不久，迁都洺州（今河北永年）。他礼遇士人，每得战利品，均分给将士，自奉甚俭；在其所占地区内，"劝课农桑，境内无盗，商旅野宿"。四年，李世民率军围攻盘踞洛阳的王世充，他率军驰援，进抵荥阳以西，在牛口布阵。后轻敌兵败被俘，被杀于长安。

李商隐（约813年—约858年）

唐代著名诗人。字义山，号玉谿生，怀州河内（今河南沁阳）人。开成进士，曾任县尉、秘书郎和东川节度使判官等职。

擅长诗歌写作，骈文文学价值也很高。他是晚唐最出色的诗人之一，和杜牧合称"小李杜"，与温庭筠合称"温李"。因诗文与同时期的段成式、温庭筠风格相近，且三人都在家族里排行第十六，故并称为"三十六体"。其诗构思新奇，风格秾丽，尤其是一些爱情诗和无题诗写得缠绵悱恻、优美动人，广为人传诵。但是有用典过多、意旨隐晦之病，至有"诗家总爱西昆好，独恨无人作郑笺"之说。

因处于牛李党争的夹缝之中，遭排挤而潦倒终身。死后葬于家乡沁阳（今沁阳与博爱县交界之处）。作品收录为《李义山诗集》。

柴荣（921年—959年）

一称柴世宗，五代时期后周皇帝。公元954年至959年在位。邢州龙冈（今河北省邢台

人，父柴守礼，祖父柴翁是当地望族。柴荣年轻时曾随商人颉跌氏在江陵贩茶，对社会积弊有所体验。史载其"器貌英奇，善骑射，略通书史黄老，性沉重寡言"。他是周太祖郭威的养子（柴荣本身是郭威的内侄）。在位期间，曾改革政治、整顿军中、奖励生产，先后攻取后蜀阶、成、秦、凤四州与南唐江淮地区十四州，又北伐契丹，收复瓦桥（今河北雄县西南）等三关，为此后北宋统一奠定了基础。庙号世宗，谥号睿武孝文皇帝。

王旦（957年—1017年）

北宋名相。字子明。大名莘县（今属山东）人。王旦自幼好学，太平兴国五年（公元980年）进士。淳化二年（公元991年），任右正言、知制诰，并被封为礼部

郎中、兵部郎中。至道三年（997年），真宗即位，4年之中连续晋升，初为中书舍人，后为参知政事。景德二年（1005年），加封为尚书左丞。次年，升为工部尚书、同中书门下平章事，成为宰相。王旦为相十余年，知人善任，任人唯贤，朝中大部分官员都是他推荐提拔的，但从未推荐自己的亲属做官。天禧元年（1017年）九月，王旦病逝，册封太师、尚书令、魏国公，谥"文正"。仁宗即位后，为其立碑，并亲笔御书"全德元老之碑"。其后，欧阳修奉旨为其撰写碑文，苏轼为王氏宗祠撰写了《三槐堂铭》。有文集20卷，已佚。《宋史》卷二八二有传。

韩世忠（1089年—1151年）

陕西省绥德县人，字良臣，南宋朝名将，汉族，民族英雄。身材魁伟，勇猛过人。出身贫寒，18岁应募从军。英勇善战，胸怀韬略，在抗击西夏和金的战争中为宋朝立下了汗马功劳，而且在平定各地的叛乱中也做出了重大的贡献。为官正派，不肯依附丞相秦桧，为岳飞遭陷害而鸣不平。死后被拜为太师，追封通义郡王；孝宗时，又追封蕲王，谥号忠武，配飨高宗庙廷。是南宋朝一位颇有影响的人物。

陆游（1125年—1210年）

南宋诗人。字务观，号放翁。汉族，越州山阴（今浙江绍兴）人。少年时即受家庭中爱国思想熏陶，高宗时应礼部试，为秦桧所黜。孝宗时，赐进士出身，曾任镇江、隆兴通判。中年入蜀，投身军旅生活，官至宝章阁待制。主张坚决抗战，充实军备，要求"赋敛之事宜先富室，征税之事宜核大商"，一直受到统治集团的压制。晚年退居家乡，但收复中原信念始终不渝。

陆游一生创作诗歌很多，今存九千多首，内容极为丰富。抒发政治抱负，反映人民疾苦，风格雄浑豪放；抒写日常生活，也多清新之作。亦工词，词作量不如诗篇巨大，但和诗同样贯穿了气吞残虏的爱国主义精神。明代杨慎谓其词纤丽处似秦观，雄慨处似苏轼。他初婚唐氏，在母亲的逼迫下离异，其痛苦之情也倾吐在部分诗词中。著有《剑南诗稿》、《渭南文集》、《南唐书》、《老学庵笔记》。

黄道婆（约1245年—1330年）

宋末元初知名棉纺织技术革新家。又名黄婆、黄母。松江府乌泥泾镇（今上海市徐汇区东湾村）人。出身贫苦，少年流落崖州（今海南三亚），以道观为家，并师从黎族人民学会运用制棉工具和织崖州被的方法。元代元贞年间重返故乡，在松江府以东的乌泥泾镇，教人制棉，传授和推广轧花车、弹棉椎弓、纺车工具和"错纱配色，综线挈花"等织造技术，促使乌泥泾和松江一带棉纺织业繁荣发展。棉纺织品五光十色，呈现了空前盛况。松江府曾成为全国最大的棉纺织中心。黄道婆去世后，松江人民感念她的恩德，为她立祠，岁时享祀。在黄道婆的故乡乌泥泾，至今还传颂着"黄婆婆，黄婆婆，教我纱，教我布，二只筒子二匹布"的民谣。

吴敬梓（1701年—1754年）

清代小说家。字敏轩，号粒民，因家有"文木山房"，所以晚年自称"文木老人"，又因自家乡安徽全椒移至江苏南京秦淮河畔，故又称"秦淮寓客"。安徽全椒人。

吴敬梓幼即颖异，善记诵。稍长，补官学弟子员。尤精《文选》，赋援笔立成。青年时生活豪纵，后家业衰落，旧产挥霍俱尽，时或至于绝粮。33岁时迁家南京，以卖文为生。雍正十三年（1735年），巡抚赵国麟举以应"博学鸿词"，他托疾不赴，并从此不再参加科举考试。晚年益贫困，卒于扬州。所作《儒林外史》，根据切身体验，从多方面描绘士大夫的精神面貌，对科举制度和封建礼教进行深刻的批判，语言简练准确，生动传神，是我国古典讽刺小说中的杰出作品。

林则徐（1785年—1850年）

清末政治家、思想家和诗人。福建侯官人（今福州），字元抚，又字少穆、石麟，晚号竢村老人、竢村退叟等。早年曾与龚自珍、魏源等人提倡经世之学，反对八股取士。1837年，升湖广总督，任内禁止吸食鸦片烟，卓有成效，并向道光帝上书，呼吁禁烟。1838年底，被任命为钦差大臣，赴广东查禁鸦片。为了解西方情况，派人翻译外文书报，主持编译近代中国第一部介绍西方地理知识的《四洲志》书稿。他与两广总督邓廷桢协力查办鸦片走私贩，迫使英美侵略者缴出鸦片237万余斤，在虎门海滩当众销毁。鸦片战争爆发后，在广州击退英军进犯。英军转而北犯，侵占定海，逼近大沽，威胁清廷。琦善等投降派乘机诬陷打击，他由此被革职。次年，奉命赴浙江筹划海防及去开封堵黄河决口，又遭谗害，于1842年流放新疆伊犁。1845年被重新起用，历任陕甘总督、陕西巡抚、云贵总督等职。其著作被辑为《林文忠公政书》等。

刘鹗（1857年—1909年）

清末小说家。字铁云，别号洪都百炼生。江苏丹徒（今镇江）人。出身封建官僚家庭，但不喜举业文字，对西学感兴趣，钻研过数学、医学、水利学，并纵览百家。喜欢收集书画碑帖、金石甲骨，著有《铁云藏龟》一书，最早将甲骨卜辞公之于世。早年科场失意，曾行医和经商，先后在河南巡抚吴大澂、山东巡抚张曜处做幕宾，因治河有功，官至知府。刘鹗痛感当时政治腐败，国力衰弱，要求朝廷澄清吏治，反对"苛政扰民"，主张借用外资办实业、开路矿，以使国家走向富强。1900年八国联军入侵北京时，他向联军贱价购得太仓储粟，转卖给北京饥民，后以"私售仓粟罪"被清廷充军新疆，死于乌鲁木齐。代表作有长篇小说《老残游记》。此外有《铁云诗存》、《铁云藏龟》及医学、天算及治河著作若干种。

鲁迅（1881年—1936年）

原名周树人，浙江绍兴人，字豫才。青年时曾赴日本留学，原学医，后弃医从文。1918年以笔名"鲁迅"发表了中国现代文学史上第一篇白话小说《狂人日记》。至1926年，先后出版了《呐喊》、《彷徨》两个小说集，《野草》、《朝花夕拾》等散文集和杂文专集多本。鲁迅的创作显示了新文学运动的实绩，奠定了新文学运动的基石。其中《阿Q正传》等作品，不仅成为中国现代文学史上杰出的作品之一，而且享有世界盛誉。1930年左翼作家联盟成立，鲁迅为发起人之一，并参加左联的领导工作。此外又先后参加中国自由大同盟、中国民权保障同盟等进步组织，多次和进步文化界一起抗议国民党的压迫和帝国主义的暴行。这一时期鲁迅以主要精力写下了大量杂文，广泛深入地分析解剖了各种社会问题，具有深远的历史认识价值和强烈的艺术感染力。1936年10月19日，鲁迅病逝于上海。

毛泽东主席评价他是伟大的无产阶级文学家、思想家、革命家，是中国文化革命的主将。鲁迅一生著述收入《鲁迅全集》。

杨虎城（1893年—1949年）

著名抗日爱国将领、民族英雄、陆军上将。号虎臣。1910年，在家乡组织以打富济贫为宗旨的中秋会。1911年武昌起义爆发后，率会众参加陕西民军与清军作战。1912年，投身于孙中山先生领导的辛亥革命运动。1915年，率众参加陕西护国军，在华县、华阴等地截击袁世凯军。次年，所部被编为陕西陆军第3混成团第1营，任营长。因与张学良发动"西安事变"，后被蒋介石迫害致死。

杨靖宇（1905年—1940年）

原名马尚德，字骥生，河南省确山县人。中国共产党优秀党员，无产阶级革命家、军事家、著名抗日民族英雄，鄂豫皖苏区及其红军的创始人之一，东北抗日联军的主要创建者和领导人之一。1932年，受党中央委托到东北组织抗日联军，历任抗日联军总指挥、政委等职，率领我东北军民与日寇血战于白山黑水之间。他身经百战，出生入死，屡立战功，在冰天雪地、弹尽粮绝的紧急情况下，最后孤身一人与大量敌人周旋战斗几昼夜后壮烈牺牲。

左权（1905—1942年）

字叔仁，出生于湖南醴陵。中国工农红军和八路军高级将领。1942年5月，侵华日军发动"五一大扫荡"，左权于战斗中阵亡，时任八路军副参谋长。左权牺牲后，周恩来称他"足以为党之模范"，朱德赞誉他是"中国军事界不可多得的人才"。为纪念左权，晋冀鲁豫边区政府决定将辽县改名为左权县。

赵一曼（1905年—1936年）

原名李坤泰，人称李姐，爱国女诗人，中国共产党优秀党员，著名抗日民族英雄。四川省宜宾县人。曾就读于莫斯科中山大学，毕业于黄埔军校六期。曾任东北抗日联军第三军二团政委，率军民与日寇浴血奋战在白山黑水之间，在与日寇殊死搏斗中为国捐躯。她是中国人民的好女儿，是中华民族的杰出代表。留有著名诗篇《滨江述怀》等。

冼星海（1905年—1945年）

生于澳门一个贫苦船工的家庭，6岁随母亲到新加坡，在新加坡的养正小学最先接触音乐。

冼星海1918年入岭南大学附中学小提琴，1926年入北京大学音乐传习所、国立艺专音乐系学习。1928年，进上海国立音专学小提琴和钢琴，并发表了著名的音乐短论《普遍的音乐》。1929年，去法国巴黎勤工俭学，从师于著名小提琴家帕尼·奥别多菲尔和著名作曲家保罗·杜卡。后考入巴黎音乐学院。在肖拉·康托鲁姆作曲班学习。1935年回国后，积极参加抗日救亡运动，创作了大量战斗性的群众歌曲，并为进步影片《壮志凌云》、《青年进行曲》，话剧《复活》、《大雷雨》等谱写音乐。1938年，任延安鲁迅艺术文学院音乐系主任，并在"女大"兼课。教学之余，创作了不朽名作《黄河大合唱》和《生产大合唱》等作品。1940年，去苏联学习、工作。1945年10月30日，卒于莫斯科。

巳年出生的外国名人

希罗多德（约前484年—前公元430年）
Herodotus

古希腊历史学家，所著《希波战争史》为古代第一部夹叙夹议的伟大史书。他出身名门，生于小亚细亚的哈利卡纳苏斯城，曾被该城僭主放逐，后又回来与人共同推翻暴君，恢复宪政。据说他是史诗诗人帕尼亚西斯的亲戚，曾在萨摩斯岛住过相当一段时间。后因不为世人所容，移居雅典人开拓的殖民地图里城（在南意大利），后客死他乡。

希罗多德是亚洲籍的希腊人，后来又离开亚洲前往雅典和西方，这两方面的经历对他的智力发展具有同等重要的意义。他掌握了历史学的研究方法，即首先提出问题，然后收集揭示这一问题的资料，最后从所收集的资料中得出结论。在对埃及的研究中，他第一个系统地论述了历史时期中存在的人与环境的关系。然而，希罗多德并不是彻底的理性主义，他对神灵和天理同样信仰，对超自然的宗教观点很少怀疑。他试图调和信仰与理性的矛盾，在令人信服的论述中夹杂着许多虚妄的成分。希罗多德在撰写波斯战争史的时候，用新的观点处理人种学、地理学和神话学的资料，将整个历史解释为东方和西方的斗争史，而以公元前480年薛西斯的入侵希腊为斗争的顶峰。他明确地划出了历史与史前史的分界线。他对历史学的贡献在古代世界中是无人可以比拟的，他综括一切的能力也是后来的人们难以望其项背的。

德谟克利特（约公元前460年—约前370年）
Democritus

古希腊杰出的唯物主义哲学家，原了论唯物主义的创始人之一。出生于色雷斯的阿布德拉城。他学识渊博，是"希腊人中第一个百科全书式的学者"。他认为一切事物的始基是原子和虚空。世界有生成，有毁灭。生成并非无中生有，而是原子的集结；毁灭是原子的分散。原子是不可分的微粒。无限的原子在无限的虚空中作涡旋运动，并由此而合成火、水、气、土以及万物。事物的差异在于构成此物的原子的形状、次序和位置的不同。在认识论上，强调感觉是认识的来源。在政治上，他是奴隶主民主制的支持者，并为奴隶制的合理性辩护。在社会伦理观上，宣称幸福是人生的目的，真正的幸福不在于感官享乐而在于心神宁静，理性发达之人自能达到幸福的境界。著作丰盛，现仅存少数残篇。

哥白尼（1473年—1543年）
Copernicus

文艺复兴时期的波兰天文学家。出生于托伦的富裕商人家庭。从小由舅父抚养，受到舅父人文主义思想的影响。1491年，进入克拉科夫大学，始对天文学产生兴趣。1496年，赴意大利学习教会法和民法的同时，钻研天文学和数学。1506年回国后，担任舅父的秘书和私人医生。1512年，到佛伦堡任牧师。此后30年间，坚持观测天体，并创立了以太阳为中心的宇宙体系论，认为地球有3种运动（1）在地轴上的每日1周的自转运动，（2）环绕太阳的每年1周的公转运动；（3）用以解释二分岁差的地轴回转运动。这种体系与教会支持的托勒密（公元前2世纪）的"地心说"截然相反。为避教会迫害，1536年就写成的著作《天体运行》直到去世前夕才看到校样。"日心说"的创立是自然科学史上的一次划时代的革命，被视为近代自然科学的开端。

威廉一世（1533年—1584年）
William i the silent,prince of orabnge

荷兰反对西班牙统治的英雄，欧洲最富有的贵族之一。生于德意志拿骚的迪伦堡，在路德教的环境中长大。当时尼德兰为几省联合，由皇帝查理五世（亦为西班牙国王）摄政统治。查理一直坚持把威廉培养成天主教徒。后来威廉为皇帝所宠幸，多次奉命出使。在出使法国时，法王亨利二世讲述了把基督教新教徒赶出尼德兰的计划，威廉听到以后大为震惊，但缄口不提反对的意见，从而获得"沉默者"的绰号。当荷兰人举行反西班牙的武装起义时，威廉站到斗争队伍的最前列。他为宗教的自由或政治的自由而战。最初威廉被西班牙军击败，一度被迫到德意志避难。但是他并不绝望，曾经写道"我决心继续斗争"。他虽然没有完成解放整个尼德兰的任务，然而北部诸省于1579年宣布独立，并选举威廉为世袭执政。不过好景不长，腓力二世即西班牙王位后，悬赏除掉这个"叛徒"。1584年，威廉受刺客枪击，重伤而亡。他的儿子继续他的事业。他的曾孙成为英格兰国王，称威廉三世。

孟德斯鸠（1689年—1755年）
Montesciuieu

法国启蒙思想家、法学家和唯物主义史学家。贵族出身。曾在家乡经营葡萄种植和酿酒

业。1716年获男爵封号，并袭任波尔多法院院长，其间从事科学研究和写作。1721年，用化名发表《波斯人信札》，揭露和抨击封建社会的罪恶，受到世人重视，也引起统治阶级和教会的嫉恨。1728年，入法兰西科学院。1734年，著《罗马盛衰原因论》，引证古罗马共和制来反对专制主义。1748年，发表《论法的精神》，被教皇列为禁书，但受到社会普遍赞许，两年中印行22版。他提倡立法、行政、司法三权分立，相互制约，权力均衡，以防止专制政治的产生。其学说奠定了资产阶级政权的理论基础，对18世纪末美国和法国宪法的制定产生较大影响。但其学说有明显的局限性，抨击专制制度，美化君主政体。

歌德（1749年—1832年）
Goethe,Johann Wolfgang von

德国伟大诗人、作家。出生于美因河畔法兰克福市一个富裕市民的家庭。1765年，按父亲的意愿进莱比锡大学学法律，但他不感兴趣，径自学习文学、绘画、自然科学等，并开始学习写作诗歌和剧本。1768年，因病辍学。1770年病愈后，到斯特拉斯堡继续学习，对法国革命开始有所了解，并结识了德国"狂飚突进"运动的领袖人物赫尔德尔等，深受他们影响。1771年，获斯特拉斯堡法学博士学位，回到故乡法兰克福作律师，但把主要精力放在文学创作上，写出了一批体现"狂飚突进"精神的作品，如历史剧《铁手骑士葛兹·冯·伯利欣根》、诗剧《普罗米修斯》、小说《少年维特之烦恼》等。1775年11月，

歌德应魏玛公国大公卡尔·奥古斯都邀请去魏玛定居，并在政府中任职。1788年后，不再负担政务，专事创作。主要作品有历史剧《埃格蒙特》，诗剧《伊菲格尼亚在陶里斯》、《托夸多·塔索》等。1794年，歌德与席勒结为至交，两人合作创作了许多警句诗和谣曲等。同时歌德还写出了小说《威廉·迈斯特的学习时代》、长诗《赫尔曼与窦绿苔》及诗剧《浮士德》的第一部等。歌德晚年主要在隐居生活中度过，创作了大量作品，如小说《威廉·迈斯特的漫游时代》、《亲和力》，自传《诗与真》及诗剧《浮士德》第二部。

梅特涅（公元1773年—1859年）
Metternich

奥地利政治家。他组织反拿破仑的胜利同盟，在维也纳会议中成为主要人物。梅特涅是莱茵河地区古老贵族家族的后裔，生于特里尔选侯领地境内科布伦茨，青年时代在莱茵摩泽尔地区度过。1788年，入斯特拉斯堡大学学习外交。1790年，转入美因茨大学。1801年，出任奥地利驻德累斯顿萨克森宫廷大使。1803年起，任奥地利驻柏林大使。他极力劝说普鲁士国王威廉二世同奥地利一道进行反法战争。在1816年开幕的法兰克福联邦议会上，他鼓吹消灭在德意志流传的革命思想，并建议德意志各邦恢复各省的宪法和建立各省的议会，曾经名噪一时。但当英国放弃干涉他国国内革命的政策时，梅特涅在西欧的影响渐趋消失。1821年5月25日，梅特涅出任奥地利首相。1836年以后，他只负责外交事务。当时一些法令，本非他所制订，但是他为了挽回威信，竟为它们承担责任、结果，使他成为压迫与反动的象征，为人所憎恶，被迫于1848年3月辞职。革命发生后，他逃亡英格兰。1851年，返回维也纳，不再直接参与政治。

海涅（1797年—1856年）
Heine, Heinrich

德国诗人。生于杜塞尔多夫一个犹太商人家庭。童年时经历了拿破仑战争。1815年拿破仑战败后，他曾在一个银行工作。1819年秋，进波恩大学学习法律，以后又曾到格廷根大学、柏林大学等校学习。1825年，海涅获法学博士学位。1827年，海涅的《歌集》出版，收入诗人在此之前创作的大部分诗歌，奠定了海涅杰出抒情诗人的地位。1827年，应出版商之请到慕尼黑主编《普通政治新年鉴》。1831年到达巴黎，与巴尔扎克、柏辽兹、肖邦、大仲马、雨果、乔治·桑等人结识。此后不久他结识了马克思，这对他思想发生转变起了促进作用。1848年5月以后，海涅完全瘫痪，口授完成诗集《罗曼采罗》，于1851年出版。他最重要的作品政治长诗《德国——一个冬天的童话》以冬天象征死气沉沉的德国，通过童话般幻想的描绘，对德国当时的检查制度、关税同盟、骑士制度、政治上的分裂等现状作了无情的揭露和抨击，也集中体现了海涅诗歌的艺术风格。他在使用夸张的讽刺、离奇的譬喻、民间的传说等方面都很出色。在他的作品中个人的幻想与风趣的对话互相交织。另外较重要的作品有散文《哈尔茨山游记》，辛辣讽刺了特权阶级的专横和市民阶层的庸俗浅陋，同时抒发了对祖国自然风景的热爱和对劳动人民的同情。艺术手法上，抒情与政论相结合，笔调幽默活泼。晚年作品《罗曼采罗》中的诗歌有的写历史事件，有的写政治观感，讽刺的锋芒和抒情的笔调仍然没有消失，只是有的诗显得情调忧郁。

舒伯特（1797年—1828年）
Schubert, Franz

19世纪初期奥地利主要作曲家之一。以优美的旋律闻名于世。尽管有人对他在音乐史上的地位有争议，但他无疑是最后一位伟大的古典作曲家。

舒伯特出身教师家庭，兄弟姐妹均酷爱音乐。1808年，获奖学金就学于康维特市学校，并参加帝国教堂唱诗班。1814年，根据歌德《浮士德》中的诗谱写了《纺车旁的格雷琴》，开创了德国艺术歌曲的先声。一生穷愁潦倒，全靠朋友资助与支撑给世界留下辉煌灿烂的瑰宝。曾对朋友自称是"失败的音乐家"，是"世界上最不幸、最可怜的可怜虫"。一生写了大量歌曲、合唱曲、室内乐等，但均未获出版机会。直至1821年才有朋友帮助他出版《魔王》和《纺车旁的格雷琴》。此后，他创作的歌曲、舞曲、钢琴二重奏等才陆续出版。1824年后贫病交加，但创造力仍极为旺盛。直至逝世前才用1828年春天举行的一次唯一的音乐会的微薄报酬，为自己购置了一架钢琴。

威廉一世（1797年—1888年）
William I

德意志皇帝和普鲁士国王。1814年，投身反对拿破仑的德意志解放战争。此后致力于普鲁士军队及军事工作。1840年，其兄长腓特烈·威廉四世登位，因无子女，他成为假定继承人。1848年3月，柏林爆发革命，威廉主张武力镇压，获"霰弹亲王"之称。在短期出亡英格兰后，1848年6月回普鲁士指挥镇压巴登起义。1849年，被任命为莱茵兰省总督。1858年，任普鲁士摄政。1861年1月，继承普鲁士王位。他虽然经常与新任宰相俾斯麦意见不合，而且对俾斯麦和自由派为反对天主教进行的"文化斗争"感到不满，但是他坚决反对解除俾斯麦的宰相职务。1871年1月，威廉成为德意志帝国皇帝。1878年，发生两起暗杀他的事件，引起公众愤慨，乃使俾斯麦的反社会主义法案得以通过。

果戈里（1809年—1852年）
Gogol, Nikolay

俄国作家。长于描写俄国生活的短篇小说、戏剧和长篇小说，以讽刺性的幽默、现实主义与幻想的结合著称。俄国小说的伟大传统主要是果戈理建立的。果戈理生于乌克兰波尔塔瓦附近的索罗庆采村一个小贵族之家。1831年至1832年间，以《狄康卡近乡夜话》为题，发表8篇短篇小说，以生动的、有时是口语化的散文为俄国文学增添了清新的因素。这一期间的作品还有《狂人日记》、《鼻子》等。他一直重视普希金的批评，他的两部主要作品《钦差大臣》和《死魂灵》的主题都应归功于普希金的启发。普希金逝世后，果戈理被视为俄国文坛之主。他认为，上帝赋予他以伟大的文学天才，是让他不仅在笑声中针砭时弊，而且还要向俄国指明在一个罪恶的世界中应该如何正确地生活。因此，他决定继续《死魂灵》的创作。但他的创作能力逐渐衰退，1847年出版的《与友人书简选》不仅歌颂了保守的官方教会，还歌颂了几年以前被他无情谴责过的那种势力。毫不奇怪，这部著作受到一度敬仰过他的人们，特别是别林斯基的尖锐批评。1852年2月，果戈理受一个狂热神父的蛊惑，将大约已经完稿的《死魂灵》第二卷付之一炬。10天后，果戈理逝世。

达尔文（1809年—1882年）
Darwin, Charles Robert

英国博物学家，进化论的奠基人。从小酷爱自然科学，7岁便开始搜集植物和昆虫标本，喜好观察鸟类生活和采集鸟卵、鸟巢、鸟类标本。曾就读于巴特勒博士学校（中学）、爱丁堡大学和剑桥大学基督学院。学习期间，积极参加科学活动，接触过拉马克的进化观点，阅读了大量有关动植物和地质学方面书籍，其中洪堡德的《南美旅行记》对其影响尤深。12月，以博物学家的身份乘"贝格尔号"舰作环球考察，历时5年。他考察过许多重要的自然区域，采集了大量动物、植物和化石标本，积累了丰富的地质资料，这对他形成生物进化的概念起了决定性作用。1839年至1841年，他写的《航海日记》和《贝格尔舰航行中的动物学》先后出版。1845年，他又出版了《火山岛》等著作。1842年起，他开始《物种起源》一书的写作。书的全名为《论自然选择形成的物种起源》，是奠定生物进化理论基础的最重要的著作，于1859年出版，并被译为多种文字。《物种起源》的问世对当时学术界产生巨大影响，使生物进化的观点占据了优势，是生物学史上重要的转折点。他的进化论给特创论、目的论和物种不变论以沉重打击。之后他又提出人类也是进化而来的观点，进一步充实了进化学说的内容。他创立的进化论是19世纪自然科学的三大发现之一。

林肯（1809年—1865年）
Lincoln, Abraham

美国资产阶级政治家，第16届总统。生于肯塔基州一个木匠家庭。当过农民、水手、店员、邮递员、土地测量员，通过自学当上律师。1834年，当选为伊利诺斯州议员。因公开反对奴隶制而成为州议会辉格党的领袖。1856年，加入共和党。1860年，当选为总统。就任不久，南方奴隶主发动叛乱，挑起南北战争。内战初期，以他为首的联邦政府动摇不定，在战场上节节失利。1862年，签署了《宅地法》，起草并颁布了《解放黑奴宣言》。得到土地的农民和获得解放的奴隶纷纷加入反对叛乱的斗争行列，使战争的有利因素转向联邦军方面。他还提出了"民有、民治、民享"的纲领性口号。由于扭转了内战的战局，声望越来越高，于1864年再度当选为总统。1865年4月，取得了南北战争的胜利。4月14日，晚被歹徒暗杀，翌日身亡。他领导美国人民进行了反对奴隶制的斗争，为资本主义的发展扫除了障碍。

诺贝尔（1833年—1896年）
Nobel, Alfred Benhard

瑞典化学家、工程师和实业家。发明了黄色炸药及其他威力更大的炸药，是诺贝尔奖金的创立人。生于斯德哥尔摩北郊，父亲曾是机械制造商，后又成为硝化甘油的制造商。诺贝尔从父亲那里学习工程学基础，也像父亲一样有发明的才能。

硝化甘油，原是意大利化学家索布雷罗在1846年发明的烈性炸药，稍一震动就会发生猛烈爆炸，没有可控制的引爆方法。诺贝尔决心改进它。他冒着生命危险多次实验，终于在1864年获得硝化甘油炸药的引爆装置——雷管的专利权，完成了他的第一项重大发明。但因诺贝尔制造液体炸药的工厂在1867年爆炸，致使其父被炸成半身不遂，其弟被炸死，所以瑞典政府禁止重建这座工厂。诺贝尔只好在湖面上一只驳船上进行实验，以寻求减少搬动硝化甘油时发生危险的方法。最终，他发明了硝化甘油与硅藻土混合的黄色炸药，并很快获得了英美等国的专利。他进而实验并研制出一种威力更大的同一类型的爆炸胶。10年后，他又发明了混和无烟炸药。

诺贝尔一生勤奋，有着非凡的创造力，他把自己的全部精力献给了科学事业，促进了人类文明。除了炸药和火器技术外，他在化学等其他领域还有许多发明，在各国取得三百多项发明专利权，因此拥有巨大财富。在去世前一年他留下遗嘱，将其遗产的一部分共920万美元作为基金，以其利息作为奖金褒奖那些"曾赋予人类最大贡献的人"。从1901年起，该奖每年在诺贝尔逝世日颁发。

康托尔（1845年—1918年）
Cantor, Georg

德国数学家，集合论的创始人。他通过建立一系列有关集合的概念，把数的概念从有穷数扩充到无穷数，从而肯定了客观存在着无穷实体，使得整个数学的发展受到极大的影响。康托尔集合论一出现曾受到守旧的数学家和哲学家的非难，康托尔本人为此精神受到重大刺激。后来数学的发展证明集合论极其重要。集合论本身在20世纪不断发展完善，现已成为数学的重要基础理论。

伦琴（1845年—1923年）
Rntgen, Wilhelm Conrad

德国物理学家。生于商人家庭。1865年，考入苏黎世综合技术学院。1869年，获苏黎世工业学院理学博士学位。后在大学任物理学教授。历任维尔茨堡大学物理研究所所长、校长等职。1896年，成为柏林科学院和慕尼黑科学院通讯院士。1900年，任慕尼黑大学物理学教授和物理研究所所长。1895年，经过7年的时间，发现了X射线。在作高真空气体放电实验时，为了防止放电管内光线外漏，他用黑纸把放电管套起来，却发现一米以外的涂有铂氰化钡的荧光板在黑暗中发出荧光。他重复上述实验后，认为这荧光是从工作的高真空放电管产生的一种能穿透黑纸的新型射线作用在荧光屏上所发生的。为了证实自己的推断，他连续在实验室工作7个星期，发现这种新射线不仅能穿透黑纸，而且能透过书籍、玻璃、木板、肌肉。当他把手放在放电管和荧光屏之间，他惊奇地发现，手指骨骼的图像显示在荧光屏上。因不了解这种新型射线，他借用数学未知数的符号X，把它称为X射线。1896年，在德意志科学协会的会议上，科学家们建议将X射线定名为伦琴射线。

甘地（1869年—1948年）
Gandhi, Mahatma

印度民主资产阶级的代表、民族解放运动的著名领袖，20世纪非暴力主义倡导者，被印度人民尊为"圣雄"。出生于波尔班达笃信宗教的家庭。早年到英国伦敦大学学习法律，后到南非，从事反种族歧视的斗争，提出了"非暴力抵抗"的口号。1915年回国，倡导以不合作来抵制英国的统治，改组国大党，成为国大党领袖。主张印度教徒和伊斯兰教徒团结合作。1948年1月30日，被印度教极右分子刺死。他提出的以非暴力不合作为核心的反殖民统治、争取印度自治和独立的思想体系，被称为"甘地主义"。

毕加索（1881年—1973年）
Picasso, Pablo

20世纪最有创造性和影响最深远的艺术家。出生于西班牙马拉加一个画师家庭，曾在巴塞罗那和马德里的美术学院学习。1904年，定居法国巴黎，后与勃拉克一起创作立体绘画。主张画家的职责不是借助具体物象反映现实，而应创造抽象的形来表现所谓科学真实。其一生画法和风格不断变化翻新。早年近似表现派，后注重原始艺术和简化形象，1915年以后曾一度转入写实，1930年开始又明显倾向超现实主义。代表作有抗议德国法西斯入侵西班牙的变形油画《格尔尼卡》，以及油画《亚威农的少女》、宣传画《和平鸽》等。晚年制作大量陶塑陶器，成绩斐然。

毕加索艺术富有创造性，作品数量惊人，风格技巧多样化（油画、雕塑、拼贴、陶瓷等），情感强烈，不断创新，其作品和创作思想对现代绘画艺术影响很大。

马雅可夫斯基（1893年—1930年）
Mayakovsky, Vladimir Vladimirovich

俄罗斯最重要的诗人。15岁加入俄国社会民主工党，因从事地下活动多次被捕。1909年，在狱中开始写诗。出狱后入莫斯科艺术学院学习，并加入俄国未来派，不久成为该派主

要人物。1912年，他和别人合作共同发表未来派宣言《给社会趣味一记耳光》。马雅可夫斯基的诗歌不论在形式或内容方面，都不同凡响。他致力于诗歌的"非诗化"，采用市民语言，在技巧上实行大胆的创新。尤其重要的是他的诗适合在群众中朗读。十月革命时，他完全拥护布尔什维克，所著《革命》、《向左进行曲》等诗深受欢迎，是共产党得力的宣传家。他一方面在俄国各地进行演讲和朗诵，一方面创作出大量宣传诗和儿童读物。

马雅可夫斯基的诗歌充满政治意义，尽管如此，并不能压倒他对爱情的追求，这种追求一再遭受挫折，又一再爆发出来。1928年，巴黎逗留期间，他爱上了流亡女子雅科夫列娃，想同她结婚，但遭到拒绝。另外他还与俄罗斯无产阶级作家联盟和苏联当局发生了龃龉。种种令人心烦的事情致使他在莫斯科自杀身死。

肖洛霍夫（1905年—1984年）
Sholokhov, Mikhail Alek Androvich

苏联小说家。1965年，获诺贝尔文学奖金。1920年参加红军后，在莫斯科停留两年，1924年返回故乡顿河地区的哥萨克村庄。曾几度访问西欧。1959年，陪同赫鲁晓夫访美。1932年，加入共产党。1961年，被选为中央委员。他17岁时开始写作，出版的第一本书是短篇小说集《顿河的故事》。1925年，开始写著名长篇小说《静静的顿河》。肖洛霍夫的作品发展过程缓慢，值得注意的是，《静静的顿河》用了12年时间才完成。另一部长篇小说《被开垦的处女地》，用了28年时间写作。《静静的顿河》描写顿河哥萨克人

为争取独立而进行的英勇斗争，在苏联拥有广大读者，被称为社会主义现实主义的有力典型。一些流亡国外的作家（如索尔仁尼琴、麦德维杰夫等）认为《静静的顿河》的大部分内容抄袭哥萨克作家克留科夫的作品，理由是该书第一卷问世时，肖洛霍夫年纪尚轻，并无生活经验，另外他以后也未能写出具有同样文学价值的作品。

肯尼迪（1917年—1963年）
Kennedy, John F

美国第35届总统。担任总统期间，他面对许多危机，特别是古巴危机和柏林危机，但是他取得了缔结禁止核试验条约和成立争取进步联盟等成就。他在达拉斯市遭暗杀而死。他是爱尔兰裔肯尼迪家族族长约瑟夫·肯尼迪的次子，毕业于哈佛大学。他的第一部著作《英国为何酣睡》成为1940年的畅销书。在第二次世界大战中，他指挥的鱼雷艇被日本海军击沉，他身受重伤，逃上敌后荒岛，后来率领士兵归队。29岁竞选众议员获胜，连任三届。在国会里，他对内重视社会救济和平民福利，对外反对共产主义，支持冷战。他对于杜鲁门一度压蒋介石与中共联合的政策表示不满。1953年，他进入参议院，正值麦卡锡反共运动盛行之时，大批联邦公务人员以同情共产党的罪名遭到清洗，肯尼迪对此并无异议。1956年，写成《勇敢者传略》一书出版，获得普利策奖金。在任参议院外交委员会委员期间，力主扩大援助非洲和新独立国家。他的政治观点逐渐左移，他在民主党内的声望也逐步提高。1958年，连任参议员。1960年，他竞选总统，以微弱多数击败共和党候选人尼克松，成为美国历史上最年轻的总统，也是第一位信奉天主教的总统。从任职开始就遇到美国入侵古巴遭受惨败的事件。1961年6月，与苏联领导人赫鲁晓夫在维也纳会谈，以强硬态度挫败苏联的恫吓。1962年10月，发现苏联在古巴设置导弹，他下令对古巴施行封锁，迫使苏联撤出导弹装置。十个月后，美、苏、英禁止核试验条约签字。肯尼迪提出的大量削减所得税的立法以及扩大人权的立法，却迟迟到他死后才得以通过。肯尼迪的进取精神和勤奋的作风赢得许多人的称赞。1963年11月，他为了进行争取连任的准备活动而前往副总统约翰逊的故乡得克萨斯州，力图调和民主党内两派之间的分歧。为了表现民主党内的团结一致，肯尼迪携夫人乘敞篷汽车率车队在达拉斯市街缓缓通过，不料被人开枪将其击伤，送到医院即已死亡。他死后，副总统约翰逊就任总统。肯尼迪的夫人改嫁富有的希腊商船大亨。

甘地夫人（1917年—1984年）
Gandhi, Indira

英迪拉·普里雅达希尼·甘地，印度政治家，印度民族主义领袖。她是印度独立后首任总理贾瓦哈拉尔·尼赫鲁的女儿，是印度近代最为著名及存有争论的政治人物之一。在她旅居欧洲大陆和英国的时候，她邂逅了同在英国留学的印度青年费罗兹·甘地，并于1942年在故乡结婚，改名为英迪拉·甘地。1966年至1977年，她连续三届担任印度总理。1980年，她第四次任总理。1984年10月31日，英迪拉在总理府被两个她的锡克教警卫开枪刺杀身亡。她执政期间，一方面为印度在冷战时期的发展做出了不少贡献，但另一方面亦因政治管理上的方针而令其政绩蒙上阴影。由于她领导印度十六年间的政治方针相当硬朗、立场坚定，被后人誉为"印度铁娘子"。

总策划
吴本华

编　辑
吴本华
刘晋生
刘士忠
霍静宇
卢援朝
尹　然
日　高
王铁英
夏　岚
李　巍

图文制作
李　巍
吴建荣

资料提供
邓文凯
孙世巍
孙　杰

编　务
张　侠

公元、干支纪年对照表

干支					干支				
甲子	1804	1864	1924	1984	甲午	1834	1894	1954	2014
乙丑	1805	1865	1925	1985	乙未	1835	1895	1955	2015
丙寅	1806	1866	1926	1986	丙申	1836	1896	1956	2016
丁卯	1807	1867	1927	1987	丁酉	1837	1897	1957	2017
戊辰	1808	1868	1928	1988	戊戌	1838	1898	1958	2018
己巳	1809	1869	1929	1989	己亥	1839	1899	1959	2019
庚午	1810	1870	1930	1990	庚子	1840	1900	1960	2020
辛未	1811	1871	1931	1991	辛丑	1841	1901	1961	2021
壬申	1812	1872	1932	1992	壬寅	1842	1902	1962	2022
癸酉	1813	1873	1933	1933	癸卯	1843	1903	1963	2023
甲戌	1814	1874	1934	1994	甲辰	1844	1904	1964	2024
乙亥	1815	1875	1935	1995	乙巳	1845	1905	1965	2025
丙子	1816	1876	1936	1996	丙午	1846	1906	1966	2026
丁丑	1817	1877	1937	1997	丁未	1847	1907	1967	2027
戊寅	1818	1878	1938	1998	戊申	1848	1908	1968	2028
己卯	1819	1879	1939	1999	己酉	1849	1909	1969	2029
庚辰	1820	1880	1940	2000	庚戌	1850	1910	1970	2030
辛巳	1821	1881	1941	2001	辛亥	1851	1911	1971	2031
壬午	1822	1882	1942	2002	壬子	1852	1912	1972	2032
癸未	1823	1883	1943	2003	癸丑	1853	1913	1973	2033
甲申	1824	1884	1944	2004	甲寅	1854	1914	1974	2034
乙酉	1825	1885	1945	2005	乙卯	1855	1915	1975	2035
丙戌	1826	1886	1946	2006	丙辰	1856	1916	1976	2036
丁亥	1827	1887	1947	2007	丁巳	1857	1917	1977	2037
戊子	1828	1888	1948	2008	戊午	1858	1918	1978	2038
己丑	1829	1889	1949	2009	己未	1859	1919	1979	2039
庚寅	1830	1890	1950	2010	庚申	1860	1920	1980	2040
辛卯	1831	1891	1951	2011	辛酉	1861	1921	1981	2041
壬辰	1832	1892	1952	2012	壬戌	1862	1922	1982	2042
癸巳	1833	1893	1953	2013	癸亥	1863	1923	1983	2043

2013 癸巳

1月
星期日	星期一	星期二	星期三	星期四	星期五	星期六
		1 元旦	2 廿一	3 廿二	4 廿三	5 小寒
6 廿五	7 廿六	8 廿七	9 廿八	10 廿九	11 三十	12 十二月
13 初一	14 初二	15 初三	16 初四	17 初五	18 初六	19 初七
20 大寒	21 初九	22 初十	23 十一	24 十二	25 十三	26 十四
27 十五	28 十六	29 十七	30 十八	31 十九		

2月
星期日	星期一	星期二	星期三	星期四	星期五	星期六
					1 廿一	2 廿二
3 廿三	4 廿四	5 廿五	6 廿六	7 廿七	8 廿八	9 除夕
10 春节	11 初二	12 初三	13 初四	14 情人节	15 初六	16 初七
17 初八	18 雨水	19 初十	20 十一	21 十二	22 十三	23 十四
24 元宵节	25 十六	26 十七	27 十八	28 十九		

3月
星期日	星期一	星期二	星期三	星期四	星期五	星期六
					1 二十	2 廿一
3 廿二	4 廿三	5 惊蛰	6 廿五	7 廿六	8 妇女节	9 廿八
10 廿九	11 二月	12 初二	13 初三	14 初四	15 初五	16 初六
17 初七	18 初八	19 初九	20 春分	21 十一	22 十二	23 十三
24 十四	25 十五	26 十六	27 十七	28 十八	29 十九	30 二十
31 廿一						

4月
星期日	星期一	星期二	星期三	星期四	星期五	星期六
	1 廿一	2 廿二	3 廿三	4 清明节	5 廿五	6 廿六
7 廿七	8 廿八	9 廿九	10 三月	11 初二	12 初三	13 初四
14 初五	15 初六	16 初七	17 初八	18 初九	19< br>初十	20 谷雨
21 十二	22 十三	23 十四	24 十五	25 十六	26 十七	27 十八
28 十九	29 二十	30 廿一				

5月
星期日	星期一	星期二	星期三	星期四	星期五	星期六
			1 劳动节	2 廿三	3 廿四	4 廿五
5 立夏	6 廿七	7 廿八	8 廿九	9 三十	10 四月	11 初二
12 母亲节	13 初四	14 初五	15 初六	16 初七	17 初八	18 初九
19 初十	20 十一	21 小满	22 十三	23 十四	24 十五	25 十六
26 十七	27 十八	28 十九	29 二十	30 廿一	31 廿二	

6月
星期日	星期一	星期二	星期三	星期四	星期五	星期六
						1 儿童节
2 廿四	3 廿五	4 廿六	5 芒种	6 廿八	7 廿九	8 五月
9 初二	10 初三	11 初四	12 端午节	13 初六	14 初七	15 初八
16 父亲节	17 初十	18 十一	19 十二	20 十三	21 夏至	22 十五
23 十六	24 十七	25 十八	26 十九	27 二十	28 廿一	29 廿二
30 廿三						

7月
星期日	星期一	星期二	星期三	星期四	星期五	星期六
	1 建党节	2 廿五	3 廿六	4 廿七	5 廿八	6 廿九
7 小暑	8 六月	9 初二	10 初三	11 初四	12 初五	13 初六
14 初七	15 初八	16 初九	17 初十	18 十一	19 十二	20 十三
21 十四	22 十五	23 大暑	24 十七	25 十八	26 十九	27 二十
28 廿一	29 廿二	30 廿三	31 廿四			

8月
星期日	星期一	星期二	星期三	星期四	星期五	星期六
				1 建军节	2 廿六	3 廿七
4 廿八	5 廿九	6 三十	7 立秋	8 初二	9 初三	10 初四
11 初五	12 初六	13 七夕节	14 初八	15 初九	16 初十	17 十一
18 十二	19 十三	20 十四	21 中元节	22 十六	23 处暑	24 十八
25 十九	26 二十	27 廿一	28 廿二	29 廿三	30 廿四	31 廿五

9月
星期日	星期一	星期二	星期三	星期四	星期五	星期六
1 廿六	2 廿七	3 廿八	4 廿九	5 八月	6 初二	7 白露
8 初四	9 初五	10 教师节	11 初七	12 初八	13 初九	14 初十
15 十一	16 十二	17 十三	18 十四	19 中秋节	20 十六	21 十七
22 十八	23 秋分	24 二十	25 廿一	26 廿二	27 廿三	28 廿四
29 廿五	30 廿六					

10月
星期日	星期一	星期二	星期三	星期四	星期五	星期六
		1 国庆节	2 廿八	3 廿九	4 三十	5 九月
6 初二	7 初三	8 寒露	9 初五	10 初六	11 初七	12 初八
13 重阳节	14 初十	15 十一	16 十二	17 十三	18 十四	19 十五
20 十六	21 十七	22 十八	23 霜降	24 二十	25 廿一	26 廿二
27 廿三	28 廿四	29 廿五	30 廿六	31 廿七		

11月
星期日	星期一	星期二	星期三	星期四	星期五	星期六
					1 廿八	2 廿九
3 十月	4 初二	5 初三	6 初四	7 立冬	8 初六	9 初七
10 初八	11 初九	12 初十	13 十一	14 十二	15 十三	16 十四
17 十五	18 十六	19 十七	20 十八	21 十九	22 小雪	23 廿一
24 廿二	25 廿三	26 廿四	27 廿五	28 廿六	29 廿七	30 廿八

12月
星期日	星期一	星期二	星期三	星期四	星期五	星期六
1 廿九	2 三十	3 十一月	4 初二	5 初三	6 初四	7 大雪
8 初六	9 初七	10 初八	11 初九	12 初十	13 十一	14 十二
15 十三	16 十四	17 十五	18 十六	19 十七	20 十八	21 冬至
22 二十	23 廿一	24 平安夜	25 圣诞节	26 廿四	27 廿五	28 廿六
29 廿七	30 廿八	31 廿九				